백만장자처럼
생각하라

MARK FISHER ✦ MARC ALLEN

원하는 미래를 현실로 만드는 부의 비밀

백만장자처럼 생각하라

마크 피셔, 마크 앨런 지음 강주헌 옮김

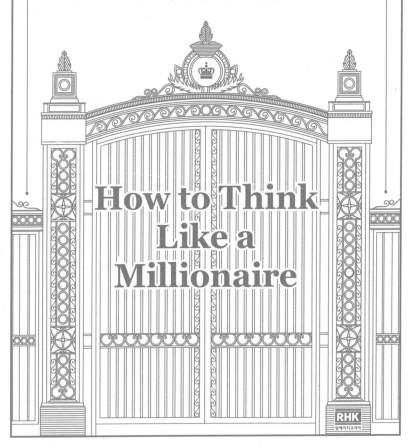

How to Think
Like a
Millionaire

RHK
알에이치코리아

당신이 원하는 성공을
가져다줄 확실한 조언들

지난 수년 동안 나는 세계 각지의 독자들로부터 많은 편지를 받았다. 대부분 부자가 되고 행복한 삶을 살기 위해서 필요한 『백만장자 키워드 Instant Millionaire』의 공식을 묻는 편지였다.

나는 그들의 편지에 최선을 다해 답장해주려 애썼지만 모든 편지에 일일이 답장할 수가 없었다. 또한 내가 생각했던 만큼 자세하고 친절하게 대답해주지도 못했다.

그들에게 편지를 쓰면서 나는 이 문제의 해결 방법을 틈나는 대로 생각해보았고, 내 정원에 활짝 핀 장미꽃을 들여다볼 때조차 그 문제는 내 뇌리를 떠나지 않았다.

그러던 어느 날 문득 한 가지 해결책이 떠올랐다.

그동안 내게 물어온 모든 질문에 한꺼번에 대답할 수 있는 장문의 편지를 써봐야겠다는 생각이었다.

나는 즉시 편지를 쓰기 시작했다. 그러나 계속해서 부족한 부분을 덧붙인 끝에, 결국 3년이란 긴 시간이 지난 뒤에야 나는 그 편지를 완성할 수 있었다. 그것은 복사하기에는 너무나 긴 편지였으므로 이내 한 권의 책이 되기에 충분한 분량이라는 생각을 갖게 되었다.

그래서 나는 곧 출판업자이자 내 친구이며, 그 역시 무일푼에서 백만장자가 된 마크 앨런에게 그 원고를 보냈다.

앨런은 내 원고를 무척이나 반가워하면서, 그대로 출간해도 좋겠지만 거기에 자기의 생각을 덧붙이면 어떻겠느냐고 제안해왔다. 물론 나는 그의 제안을 흔쾌히 받아들였고, 그 후로 우리는 몇 달 동안 서로의 생각을 주고받으며 원고를 완성시켜나갔다. 한마디로 앨런은 이 책의 공동 저자로서 조금도 부족하지 않은 역할을 해냈다.

또한 〈뉴월드 라이브러리〉의 베키 베니네이트 편집장도 이 책의 완성도를 높이는 데 능력 있는 편집자로서 적지 않은 도움을 주었다.

우리가 이렇게 합심해서 만들어낸 결과는 놀라운 것이었다. 완전히 다른 환경에서 백만장자로 자수성가한 두 사람이 성공하는 과정에서 배웠던 소중한 조언들, 그리고 두 사람이 실제 경험에서 터득한 모든 것을 간략하게 집약시킨 책이 탄생할 수 있었던 것이다.

이것은 내가 처음 품었던 생각을 훨씬 뛰어넘는 완벽한 작품이다. 새로운 생각이 떠오를 때마다, 새로운 의견이 제시될 때마다 처음부터 다시 쓰는 마음으로 다듬어진 책이다.

따라서 이 책은 모든 사람을 성공의 길로 안내하는 데 조금의 부족함이 없으리라 확신하며, 나 스스로 이런 책을 쓰게 되었다는 사실에 뿌듯한 자부심까지 느낀다.

끝으로 당신이 성공을 무엇이라고 정의하든 성공을 원하는 당신에게 진정한 도움을 줄 수 있는 조언, 즉 강력하면서 실질적인 도움을 주는 조언을 이 책에서 발견할 수 있기를 기대한다.

_마크 피셔

이 책을 반복해서 읽으면
성공이 습관이 된다

성공은 마음가짐이다. 성공은 습관이다.

성공을 원하고 성공할 수 있으리라 확신하며 그 꿈을 실천에 옮기는 사람이라면 누구라도 성공할 수 있다.

또한 누구나 특별한 성공의 비결을 찾지만 그런 것은 없다. 성공한 사람들의 이야기를 들어보라. 그들은 한결같이 일과 꿈과 열정에 오랜 시간을 투자한 뒤에야 성공할 수 있었다고 말하지 않는가.

그렇다. 어떤 경우에나 성공의 공식은 단 하나로 집약될 수 있다.

'성공하는 사람들은 그들의 일을 사랑한다.'

그들은 어떤 식으로든 결국 성공할 수 있었을 것이다.

물론 큰 재물, 적어도 일정한 수준의 경제적 안정과 성공도 꿈의 일부이기는 했겠지만 부(富)는 열정을 성취하는 과정에서 얻는 부산물이었다.

만약 스티븐 스필버그가 영화를 싫어했다면, 야릇하게 생긴 외계인을 증오했더라면 오늘날처럼 하루에 100만 달러를 벌어들일 수 있었겠는가? 헨리 포드가 기계를 만지작대는 것에 미치지 않았더라면 오늘날의 포드 기업은 없었을 것이다. 또한 디자이너 도나 카란이 패션을 사랑하지 않았더라면 어찌되었겠는가?

우리가 누구에게도 해를 끼치지 않으면서 주어진 재능과 재주를 마음껏 발휘하며 좋아하는 일을 할 수 있다면, 자신만이 아니라 우리 주변의 많은 사람들을 위해서, 더 나아가서는 인류 전체를 위해서 최고의 능력을 펼쳐보일 수 있을 것이다.

성공은 운명으로 결정되는 것이 아니다. 아주 특별한 원칙을 계획적으로 실천해 나아갈 때 얻어지는 것이다.

물론 행운을 무시할 수는 없겠지만, 기회를 맞이할 준비가 된 사람들만이 그런 행운을 지나쳐버리지 않을 수 있다.

나이, 교육수준, 돈, 배경, 어린 시절의 경험들은 성공의 원칙에서 그다지 중요한 것이 아니다.

맨손으로 백만장자가 된 기업가, 성공한 예술가, 저명한 연주가의 어린 시절도 특출난 것은 없다. 대개가 아주 평범한 시간을 보냈고, 때로는 끼니를 굶을 정도로 가난하게 지낸 사람들도 있었다. 그들 대부분은 학창 시절에도 남들보다 월등한 성적을 보여준 우등생이 아니었다.

그러나 그들은 삶의 결정적인 순간에 자신의 운명을 바꿔보기로 결심했던 사람들이다. 한 권의 책이나, 다른 사람의 충고와 타인의 모범적인 삶에서 깨달음을 얻어 성공의 길로 들어섰던 사람들이다.

어쩌면 당신의 삶에도 커다란 변화를 줄 그 결정적인 순간이 이미 다가왔는지도 모른다. 그러나 이미 늦었다고 좌절하지 마라. 나이를 탓하지 말고 어떤 상황에서도 눈을 크게 뜨고 그 기회를 맞이할 수 있어야 한다.

그리고 그 순간이 당신의 삶을 완전히 바꿔놓을 것이라고 굳게 믿어라! 이미 많은 사람들이 증명해주었듯이, 당신도 무無에서 시작해서 원대한 꿈을 실현해낼 수 있다. 따라서 당신이 꿈꾸는 삶을 구체화시킬 수 있느냐 하는 것은 믿음의 문제이다.

한편으로 요즘 사회는 즉각적인 보상을 바라는 사회이다. 따라서 우리는 최종의 결과만을 보려 한다.

우리는 간혹 은막의 스타, 백만장자, 존경받는 예술가들이 하룻밤 새에 성공을 거둔 것처럼 생각하곤 한다. 그래서 그들이 현재의 위치에 오르기 위해서 쏟았던 성실한 노력과 인고의 시간을 보려 하지 않는다.

유명한 영화배우인 더스틴 호프만도 10년이라는 긴 시간이 흐른 뒤에야 갑작스레 주목을 받았다고 하지 않았던가.

맥도널드의 창업자인 레이 크록도 그의 자서전에서 "어느 날 아침 잠자리에서 일어나니 성공한 사람이 되어 있었다. 그러나 30년이라는 길고도 긴 밤을 지내야 했다"고 말하지 않았던가.

이렇듯 성공한 사람들이 보여주는 공통되는 특징 중의 하나는 그들 모두가 실패를 경험한 사람들이라는 점이다. 때로는 거듭되는 실패를 딛고 성공한 사람들도 있었다. 그러나 대부분의 사람들은 한두 번의 실패에 좌절하고 쉽게 포기해버리기 때문에 성공하지 못한다.

성공철학의 거두 나폴레온 힐은 『놓치고 싶지 않은 나의 꿈 나의 인생』에서 몇 개월을 끈질기게 시추하고서도 금맥을 겨우 1미터 앞에 두고 포기해버렸던 한 광부의 이야기를 자세히 전해주었다. 그러나 그 광부는 그 이후의 삶에서 이때의 실패를 교훈 삼아 결국에는 성공할 수 있었다. 그렇다. 우리는 실패에서 교훈을 얻어야 한다.

이제 새로운 세기를 맞아 성공은 새로운 의미를 갖게 되었다. 가족과의 시간과 건강을 희생하더라도 돈을 벌어야겠다는 일 중독자들은 점점 줄어들고 있는 추세이다.

이제 성공과 윤택한 삶에서 '균형 있는 삶'이야말로 그 소중함을 인정받고 있는 시대이다. 건강을 유지하면서 좋아하는 일을 하는 것, 사랑과 행복이 가득한 가정을 꾸려가는 것, 사교 모임이나 봉사활동에 참여하는 것, 내면의 평화와 충만감을 얻는 것…… 이러한 가치로 균형 잡힌 삶을 원하는 사람들이 점점 늘어나고 있다.

실제로 최근 〈뉴욕 타임스〉가 실시한 여론조사에서도 이러한 변화가 뚜렷이 확인된다. 이 조사에 응한 사람들 중 대다수가 명성과 재물을 추구하는 것보다 일의 속도를 늦추더라도 친구나 가족과 더 많은 시간을 보내는 것이 더욱 중요하다고 대답했다. 물론 이런 모든 것을 포괄할 수 있을 때 우리는 진정한 성공을 거두었다고 말할 수 있을 것이다.

또한 우리가 세상을 위해 열정적으로 노력한다는 것은 결국 주변 사람들을 위해 봉사하는 것이다. 주변 사람들과 아름다운 관계를 구축하고 그러한 관계를 즐기겠다는 꿈은 누구라도 성취해낼 수 있는 바람이다.

또한 면밀히 계획된 습관, 특히 절제된 정신의 습관은 우리에게 경제적 안정과 부를 안겨줄 수 있다.

우리가 부정할 수 없는 엄연한 사실은 우리에게 돈이 있을 때에야 더욱 자유롭게 즐길 수 있을 뿐 아니라, 세계에 눈을 돌리며 다른 사람들에게도 도움을 줄 수 있다는 것이다.

'천 리 길도 한 걸음부터.'

중국의 유명한 속담이다. 당신도 이 책을 읽기로 결심한 순간부터 성공을 향한 첫 걸음, 즉 당신의 꿈을 성취하기 위한 첫 걸음을 내디딘 것이다.

이 책은 당신이 진정으로 원하는 것을 스스로 찾아내도록 안목을 키우는 데도 도움을 주겠지만, 당신이 꿈꾸는 목표를 성취하는 데도 커다란 도움을 줄 것이다. 이처럼 삶의 과정에서는 모든 것이 선택이라 말할 수 있다.

어쩌면 당신은 지금 실직자일지도 모른다. 아니면 대다수의 사람처럼 능력을 제대로 평가받지 못하고 하찮은 일에나 매달려 있다고 푸념하고 있는지도 모른다. 또한 현재의 직업에 전혀 만족하지 못하고 있을 수도 있다.

그러나 당신이 현재 겪고 있는 고난의 시기를 극복하고, 높은 실업률과 인플레이션에도 아랑곳하지 않고, 꿈에서나 그리던 이상적인 직업을 빨리 찾아낼 수도 있다. 대부분의 사람들은 삶의 과정에서 원하는 것을 모두 얻기란 불가능하다고 생각하지만, 당신마저 이런 잘못된 생각에 쉽게 빠져들어서는 안 된다.

당신이 진정으로 만족할 수 있는 직업을 찾아낼 수 있다고 믿어라. 그것은 당신에게 주어진 권리이다. 이러한 권리를 쉽게 포기하지 마라. 스스로 가난과 질병에 시달리고 외로움에 지친 사람이 어떻게 다른 사람을 도와줄 수 있겠는가.

이쯤에서 분명히 알아두어야 할 것이 있다. 지금은 기업가 정신을 계발해서 사업을 시작하라는 충고가 사방에서 쏟아지는 세상이다. 그러나 이것은 당신이 현재 하고 있는 일을 접고 곧바로 사업을 시작하라는 뜻이 결코 아니다. 모두가 똑같은 길을 가야 할 이유는 없다.

즉 기업가가 되자면 나름대로의 개성도 있어야 하겠지만, 독립해서 무엇인가를 해보겠다는 절실한 욕구가 있어야 한다. 이런 욕구를 느낀다면, 당신은 이미 기업가로서 필요한 기본 자질을 갖춘 셈이다.

이 책은 기업가가 되려는 당신에게 좋은 안내자가 될 수 있을 것이다. 그러나 당신에게 기업가적 자질이 당장 없더라도 이 책은 당신으로 하여금 현재의 안정을 그대로 유지하면서 보다 나은 삶과 물질적 풍요가 보장된 미래를 꾸려가도록 도움을 줄 것이다.

내가 이 책에서 제시하는 원칙들 중에는 상식적인 것도 있겠지만 너무나 독창적인 것이어서 놀랍게 여겨지는 것도 있을 것이다.

부디 외향적인 것으로 섣불리 판단하지 마라. 겉보기에 단순한 것이 성공을 결정짓는다.

내가 이 책에서 제시하는 황금률들이 얼핏 보기에 너무나 단순한 것들이라고 우습게 생각해서는 안 된다. 때로는 너무도 단순해서 당연해 보이는 조언이 일상적인 삶에서 실천하기가 가장 어려운 것들임을 상기하라.

충분한 시간을 갖고 이러한 조언들을 곰곰이 생각해보라. 당신은 이런 조언들을 이미 실천하고 있는가? 당신 삶의 일부로 받아들이고 있는가? 습관적으로 그렇게 행동하고 있는가?

그리고 이 책은 천천히 읽어주기 바란다. 때로는 책을 덮고 생각하는 시간을 갖기 바란다. 내가 제시하는 황금률을 당신의 삶에서 직접 실천해보기를 바란다.

이 책에서 약속하는 성공 조건을 한마디로 요약하면 '반복'이다. 이 책에서 제시되는 조언들을 진리로 받아들이고 그 의미를 완전히 깨우칠 때까지 반복해서 생각해보고 고민해보아야 한다.

더욱 중요한 것은 이 진리들에 따라 습관적으로 행동할 수 있도록 자신의 잠재의식을 프로그램시키는 것이다. 그렇게 될 때 당신은 삶의 과정에서 커다란 변화를 경험할 수 있을 것이다.

아르키메데스는 지레의 원리를 설명하면서 "내게 지점支點이 주어진다면 지구라도 들어올려 보이겠다"고 말했다. 그렇다, 성공을 위해서는 당신에게도 지레의 원리가 필요하다.

바로 이 책이 당신의 꿈을 실현시키는 데 필요한 지렛대와 지점의 역할을 충실히 해줄 것이라 믿는다.

_마크 앨런

차례

프롤로그   마크 피셔 당신이 원하는 성공을 가져다줄 확실한 조언들 ✦ 4
프롤로그   마크 앨런 이 책을 반복해서 읽으면 성공이 습관이 된다 ✦ 7

♛
1장 | # 성공의 비결은 시작에 있다

'나도 성공할 수 있다'는 믿음을 가져라 ✦ 23
실패가 어렵지 않듯 성공하기도 어렵지 않다 ✦ 30
실패는 성공의 필수조건이다 ✦ 43
당신의 믿음이 삶을 달라지게 한다 ✦ 45

2장 | 성공과 부는 정신자세이다

진정한 부는 정신자세이다 + 59

잠재의식에 한계란 없다 + 62

날마다, 모든 면에서, 나는 점점 더 좋아지고 있다 + 70

머릿속에 성공을 구체적으로 그려라 + 77

3장 | 정신적 장애물을 과감히 걷어버려라

성공하겠다는 강렬한 욕망을 방해하지 마라 + 89

돈을 긍정적으로 생각하라 + 93

정신에 한계란 없다 + 97

성공을 구체화시켜라 + 103

4장   성공을 위해 직관력을 길러라

직관을 확신으로 바꾸는 방법을 터득하라 ✦ 119

성공할 수밖에 없는 이유에 초점을 맞춰라 ✦ 124

'제2의 천성' 직관을 믿어라 ✦ 129

지금 당장 시작하라 ✦ 138

결정을 고수하라 ✦ 140

성급하게 포기하지 마라 ✦ 143

과거의 실수에서 교훈을 얻어라 ✦ 146

5장   당신이 좋아하는 일을 하라

가슴 뛰는 삶은 당신의 선택에 달렸다 ✦ 153

그렇다고 생각하면 정말 그렇게 된다 ✦ 159

당신의 일을 사랑하라 ✦ 163

성공에 대한 열정과 힘이 성공을 부른다 ✦ 165

자신의 분야에서 최고가 되어라 ✦ 171

내 안의 창의성을 꺼내라 ✦ 174

열망을 목표로 삼고, 그 목표를 가슴에 새겨라 ✦ 177

♛
6장 | **목표가 확실해야 성공한다**

가장 단순한 계획도 필요하다 + 191
분명하고 구체적인 목표를 세워라 + 194
자신을 과소평가하지 마라 + 201
목표를 일종의 강박관념처럼 만들어라 + 205

♛
7장 | **체계적인 실천 계획으로
성공을 잡아라**

어떻게 실천할 건지 계획을 세워라 + 215
단계적인 실천 계획으로 목표를 확고히 하라 + 218
삶의 건축가가 되어라 + 221
성격이 운명을 결정한다 + 226

♛
결론 | **성공의 비밀이란 없다**

인생을 바꾸는 성공의 조건들 + 235

추천의 말   나폴레온 힐의 책에 비견되는 가치있는 책 + 240
옮긴이의 말   생각하라, 그러면 생각하는 대로 된다 + 243

✦ ✦ ✦

성공의 비결은 시작에 있다.
시작의 비결은 질리도록 복잡한 일이라도,
감당할 수 있을 정도의
작은 조각으로 분할해서 첫 조각부터
'시작하는 데' 있다.

_마크 트웨인

1장

성공의 비결은
시작에 있다

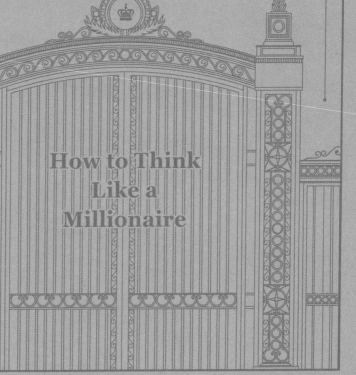

How to Think
Like a
Millionaire

'나도 성공할 수 있다'는
믿음을 가져라

그리스의 철학자 소크라테스는 자신의 약점을 잘 알고 있었다. 하지만 인간은 계속해서 발전하는 동물이며 끊임없이 변해서 마침내 이상理想을 향해 성장해 나아가는 존재라는 사실을 깨달았고, 그 가르침을 우리에게 남겨주었다.

소크라테스의 가르침처럼 인간은 언제나 자신을 더 나은 존재로 개선해 나아갈 수 있다. 이것이야말로 인간이 지닌 위대함이다. 또한 자신을 개선시켜 나아가는 이러한 능력은 삶의 어떤 시점에서나 계발될 수 있는 것이기도 하다.

성공의 비결은 내면에 있다

'나도 성공할 수 있다'는 믿음을 가질 때 비로소 성공이라는 선물이 당신에게 주어질 것이다!

고리타분한 소리처럼 들리는가? 그렇다면 잠시 눈을 감고 이 격언을 음미해보아라. 성공을 진정으로 원한다면, 달리 어디에서부터 성공을 준비할 수 있겠는가.

명심하라! 당신의 믿음이 당신의 삶을 만들어간다.

과거에 당신이 어떤 생각을 했는지는 상관이 없다. 지금부터 당신은 지금까지와는 다르게 생각하고 그 생각을 믿으면서 당신의 삶을 변화시켜 나갈 수 있다.

당신도 성공할 수 있다고 믿지 않고서는 성공한다는 자체가 불가능하다. 당신도 풍요롭게 살 수 있다고 믿지 않고서는 풍요로운 삶을 누릴 수 없다.

불행한 일이지만 우리의 정신 수양을 책임지고 있는 교육기관과 사회단체 등에서 삶의 방식과 지혜에 관해 기대할 것은 거의 없다. 그들은 오히려 우리에게 비관적인 생각을 심어주고 있는 경향이 많다.

실제로 우리는 "쓸데없는 공상에 시간을 낭비하지 마라", "현실적인 사람이 되어야 한다", "원하는 것을 모두 가질 수는 없는 법이다"라는 말들을 신물나게 들어오지 않았나.

이러한 충고를 너무 자주 들었던 까닭에 우리는 그것을 당연한 것으로 믿게 되었고, 결국 '소수의 선택받은 사람들만이 부자가 되는 것이다'라고 생각하기에 이르렀다. 마찬가지로 성공도 평범한 사람에게는 요원한 꿈인 것처럼 여겨진다.

그러나 이러한 충고는 결코 진리가 아니다. 성공과 윤택한 삶이 선택받은 소수의 특권처럼 보이는 이유는 대부분의 사람들이 "나는 저런 사람이 될 수 없어" 하고 막연한 좌절감을 갖기 때문이다.

단언하건대 성공한 사람들은 언젠가는 성공할 수 있으리라는 믿음을 가졌던 사람들이다. 성공에 대한 믿음을 굳건히 한다면, 막연한 좌절감을 버리고 성공할 수 있다는 여유로운 마음가짐을 갖기만 한다면 당신도 틀림없이 성공할 수 있다.

이쯤에서 당신이 어떤 믿음을 갖고 있는지 한번 반성해보고, 그런 믿음이 당신의 삶에 어떠한 영향을 미쳤는가를 돌이켜보자.

아직도 많은 사람들이 세상의 운영방식에 대한 검증되지 않은 선입견 때문에 자신을 파괴하는 잘못을 저지르고 있기 때문이다.

마크 앨런은 『비전의 비즈니스, 한 기업가가 들려주는 성공 안내서』에서 이러한 착각을 극복하는 방법을 잘 제시해주고 있다.

충분한 시간을 갖고 정기적으로 자신의 삶을 돌이켜보는 것이 중요하다. 이러한 시간을 갖는 것이 무엇보다 중요하다. 아무런 편견 없이 정직하게 과거의 삶을 돌이켜보면서, 현재의 삶을 있게 해주었던 중대한 사건들을 발견해내는 것이 무엇보다 중요하다. …… 이러한 사건들 중에는 당신에게 커다란 발전을 주었던 사건이 있게 마련이다. 그러므로 그때의 사건을 기억해야만 한다. 그때 얻었던 교훈과 믿음을 되살리면서 간직할 수 있어야 한다.

또한 삶을 살아가는 과정에서 당신의 잠재력을 알아내고 어떤 식으로든 도움을 주었던 사람이 있게 마련이다.

간혹 어린아이들에게서 확인되곤 하듯 누구에게나 남다른 천재성이 있지만, 우리는 의심과 냉소와 믿음의 부족으로 그런 천재성을 조금씩 파괴시키고 마는 안타까운 세상을 살고 있다. 따라서 이따금 과거의 삶을 돌이켜볼 필요가 있다.

특히 우리에게 부정적인 영향을 주었던 순간을 면밀히 되짚어보면서, 그 결과로 우리가 마음속에 새겨 놓은 부정적인 생각이 무엇인지 찾아내야만 한다.

일단 잘못된 선입견이 발견되기만 한다면 그만큼 극복하기도 쉽다. 잘못된 선입견도 일종의 믿음이기 때문에, 당신이 그것을 기정사실로 받아들이는 한 그 선입견은 하나의 진리처럼 당신의 뇌리 속에 점점 더 뿌리박혀 갈 것이다.

따라서 잘못된 선입견이 발견되면 그 즉시 잊도록 하라. 이것이 깨달음의 과정이다. 다시 말해서 우리에게 활력을 주는 힘이 무엇인지를 깨닫고, 그 힘을 어떻게 활용해서 우리의 운명을 개척해 나아갈 것인가를 배우는 과정이다. 요컨대 우리가 삶에서 원하는 것을 성취하는 방법을 깨달아가는 과정이다.

당신도 진심으로 성공할 수 있다고 믿고 있는가?

성공에 대한 당신의 생각을 좀 더 철저하고 객관적으로 분석해보라. 성공을 가로막는 장애물이 당신의 내면에 있었다는 의외의 사실에 놀라지 않을 수 없을 것이다.

어떠한 고정관념이라도 바꾸겠다고 결심할 때 당신은 어떤 분야에서나 바라는 대로 성공할 수 있을 뿐 아니라 그 성공의 길이 예상보다 훨씬 쉽게 열린다는 사실을 깨닫게 될 것이다.

실제로 당신은 매일 수십 번의 기회를 맞이하고 있다. 날마다 멋진 아이디어가 머릿속에 순간적으로 떠오르지만, 구체적인 행동으로 옮기지 못하고 그만 흘려버리고 만다.

이 책의 전반에서 소개되는 자기 암시기법이 당신의 직관력, 즉 성공을 위한 육감을 계발하는 데 많은 도움을 줄 것이다. 모두가 이러한 직관력을 지니고 있지만, 그 존재 자체를 충분히 깨닫지 못하고 있을 뿐이다.

이제라도 직관력을 활용해보도록 하자. 어렵게 생각할 것이 없다. 누구라도 아주 쉽게 접근해볼 수 있다.

성공과 윤택한 삶이
선택받은 소수의 특권처럼 보이는 이유는
대부분의 사람들이
"나는 저런 사람이 될 수 없어" 하고
막연한 좌절감을 갖기 때문이다.

실패가 어렵지 않듯
성공하기도 어렵지 않다

대부분의 사람들이 삶의 과정에서 실패를 떼어놓을 수 없는 한 부분처럼 생각한다. 따라서 실패는 깨뜨리기 어려운 습관이 되어버렸다.

한마디로 요약하면, 사회의 분위기는 우리에게 많은 것을 기대하지만 사회적 조건은 우리의 사기를 여지없이 꺾어놓는다. 이러한 악순환이 반복되는 사회에서 우리는 살고 있는 것이다. 따라서 성공을 원한다면 '실패가 어렵지 않듯이 성공하기도 어렵지 않다'라는 생각을 해야 한다. 잠재의식에서부터 실패라는 단어를 지워버리도록 우리 정신을 프로그램시켜야 한다.

그렇다면 실패의 원인이 무엇이라 생각하는가? 상황들이 아주 복잡하게 뒤엉키면서 실패하고 만 것이라고 생각하는가? 이제 차분하게 그 원인을 따져보도록 하자.

당신이 완벽한 기회를 놓쳐버린 이유, 무엇인가를 시도할 때마다 제대로 되지 않은 이유, 당신을 성공의 길로 이끌어줄 수 있는 사람을 만날 수 없었던 이유, 행동에 옮겼더라면 상당한 결과를 빚어냈을 아이디어를 쓸모없는 것이라 내팽겨쳤던 이유, 그리고 실패할 수밖에 없는 행동을 되풀이하는 이유 등등을 곰곰이 생각해보자.

그리고 이렇게 해서 찾아낸 결과도 실패의 분명한 원인이 되겠지만, 무엇보다 중요한 문제는 잠재의식이 실패를 당연한 것으로 받아들인다는 점이다.

이 책에서 우리는 성공 과정에서 잠재의식이 얼마나 중요한 역할을 해내고 있는지 증명해보려 했다. 실패보다 성공에 기여하는 잠재의식을 갖게 되기만 한다면 당신도 틀림없이 성공할 수 있다.

따라서 잠재의식의 계발이야말로 성공의 필수조건이다. 그러나 우리는 성공을 가로막는 온갖 핑곗거리를 만들어내어 따르고 있다. 여기에서 나열된 핑곗거리들 중에서 당신은 몇 개의 항목을 수시로 이용하고 있는지 정직하게 점검해보라.

"옛날에는 훨씬 쉬웠는데!"

이러한 주장은 한낱 핑계에 불과하다.

언제나 부정적인 사고방식에 물들고 선견지명이 없는 사람은 높은 실업률과 기구축소를 구실로 내세우며 이러한 변명을 하곤 하지만, 매년 수천 개의 소기업이 창업되고 번창하고 있는 현실 역시 간과해서는 안 된다.

또한 세계적으로 매년 수천 명, 수백만 명의 새로운 백만장자가 탄생되고 있기도 하다.

매년 얼마나 많은 영화가 제작되고 책이 출간되고 있는지 생각해보라. 또한 컴퓨터의 세계는 우리에게 얼마나 많은 새로운 기회를 제공하고 있는지 보라. 쌍방향 통신을 추구하는 미디어의 세계는 어떤가. 자유무역으로 인해 이미 국경이라는 장벽이 무너지고 있는 세상이라는 것을 상기하자.

이렇듯 성공하기가 오히려 옛날보다 훨씬 쉬워졌다고 생각하자. 이제는 전 세계를 대상으로 새로운 아이디어와 제품과 서비스를 제공할 수 있지 않은가.

요컨대 성공은 외적인 환경보다 정신자세에 달려 있다. 우리 자신과 세계를 어떻게 생각하느냐에 따라 성공의 여부가 결정된다.

"나는 너무 어려!"

미시즈 필즈 쿠키의 창업자이자 소유주인 데비 필즈에게, 혹은 애플 컴퓨터의 창업자인 스티브 잡스에게 이렇게 말한다면 과연 그들은 뭐라고 대답할까?

데비 필즈는 20대에 미시즈 필즈 쿠키를 창업해서 놀라운 성공을 거두었다. 스티브 잡스는 23세에 백만장자가 되고 25세에는 억만장자가 되었다.

"젊은 시절에 하나의 목표를 세워 정진한다면 남들보다 일찍 수확을 거둘 것이다."

이 격언처럼 젊음도 때로는 소중한 자산이 된다.

부족한 경험은 대담성과 직관력과 독창성으로 보완할 수 있다. 그러므로 역사적 교훈에서도 보듯 성공한 사람들은 대부분 경험 없이 시작하여 일을 꾸려가면서 배워 나갔다.

"나는 너무 늙었어!"

커넬 샌더스(켄터키 프라이드 치킨의 창업자)와 조지아 오키프(1887~1986, 미국의 유명 여류화가)에게 이렇게 말한다면 고개를 설레설레 저을 것이다.

불멸의 성공철학서 『놓치고 싶지 않은 나의 꿈 나의 인생 1 *Think and Grow Rich*』과 『놓치고 싶지 않은 나의 꿈 나의 인생 2 *Keys to*

Positive Thinking』,『생각하라! 그러면 부자가 되리라 *The Master key to Riches*,『나폴레온 힐의 성공을 위한 365일 명상 *Napoleon Hill's Positive Action Plan*』의 저자인 나폴레온 힐의 조사에 따르면, 성공한 사람들 대다수가 중년을 넘어서야 목표에 이를 수 있었다.

많은 사람들이 은퇴를 생각할 나이에, 그들은 과거에 투자한 노력의 결실을 거둬들이려 한층 분발했던 것이다.

노동이 죽음을 재촉하는 것은 아니다. 오히려 게으름이야말로 죽음을 앞당긴다. 일찍 은퇴한 사람이 일을 계속하는 사람보다 빨리 죽는다고 하지 않는가. 실제로 많은 사람들이 중년을 넘어서 새로운 일을 시작하고 있으며 때로는 놀라운 성공을 거두기도 한다.

결국 나이는 문제될 게 없다. 그리고 비록 실패하더라도 그것에서 얻은 경험은 당신에게 무엇과도 바꿀 수 없는 소중한 자산이 될 것이다.

"내게는 자본이 없어!"

처음부터 돈을 창고에 수두룩하게 쌓아두고 시작하는 사람은 극히 드물다.

당신이 두려워하는 것과는 달리 비즈니스를 시작할 때 돈은 필수조건이 아니다. 다만 비즈니스로 연결시킬 수 있는 창의적인 아이디어와 긍정적인 사고방식을 가지고 있다면 그것으로 충분하다. 누구나 적지않은 부를 안겨줄 수 있는, 적어도 한 가지 이상의 재능이나 열정, 취미를 가지고 있기 때문이다.

또한 일반적인 생각과는 달리 세상에 돈이 부족하지는 않다. 그리고 멋진 아이디어를 구체화시켜 상품으로 개발해낼 돈은 언제라도 구할 수 있다.

그럼에도 많은 사람들은 가난을 도저히 떨쳐버릴 수 없는 굴레라고 생각한다. 이들은 가난마저도 세대를 거쳐 전해지는 유전적 특징처럼 생각하고 있다.

이 때문에 가난한 집에서 태어난 사람이 '나도 언젠가 부자가 될 수 있을 거야'라고 꿈을 꾸기란 더욱 어렵다. 그들이 세상을 살아가면서 배우는 삶은 절망과 좌절에 찌든 모습이며, 그렇다고 주변의 본받을 만한 사람들이 그들에게 언제나 꿈과 용기를 북돋워주는 것도 아니다.

그러나 가난을 극복하고 성공한 사람의 예 또한 헤아릴 수 없이 많다는 것을 상기하자.

대표적인 예로 역사상 가장 부유한 영화배우가 되었던 찰리 채플린을 생각해보자. 젊은 시절 그는 런던 거리를 배회하면서 가난에 찌들어 지냈다. 그런 그에게는 가난이야말로 성공을 향한 욕구를 더욱 부채질해준 촉매제가 되었다.

우리는 채플린처럼 가난에서 비롯되는 굴욕감과 가혹한 현실을 일찍부터 경험함으로써 한층 분발하여 남다른 성공을 거둔 사람들이 밤하늘의 별처럼 많다는 사실을 반드시 기억해야만 할 것이다.

"나는 배운 것이 없어!"

세계적인 패션 디자이너 도나 카란은 초등학교 문턱도 구경하지 못했다. 또한 토머스 에디슨은 16세에 학교를 그만두었고, 마이크로소프트의 빌 게이츠는 대학을 중퇴했다.

그러나 그들이 이렇게 정규 교육을 충분히 받지 않았지만 그들에게 막대한 부를 안겨준 분야만큼은 누구에게도 뒤지지 않는 깊은 지식을 지녔다는 사실을 간과해서는 안 될 것이다.

"나에게는 타고난 재능이 없어!"

그렇지 않다. 성공한 사람들 중에서 일찍부터 그런 징후를 보여준 사람은 별로 없었다. 심지어 폴 게티는 "나는 결코 타고난 사업가가 아니었다"고 말하지 않았던가.

많은 사람이 그저 지레짐작으로 자신은 특별한 재능이 없으니 평범하게 살아가는 수밖에 없다고 체념해버리고, 성공하지 못한 이유를 정당화시키고자 구구절절 변명을 늘어놓는다.

그러나 앞에서도 말했듯이 누구에게나 적어도 한 가지 재능은 있다. 그것도 타고난 재능이다.

따라서 당신에게만 주어진 남다른 재능을 발견한다면 그 재능을 계발시키는 데 전력을 다해야 할 것이다.

"나에게는 그 일을 추진할 만한 에너지가 없어!"

성공한 사람과 실패한 사람을 구분짓는 가장 뚜렷한 차이는 추진력이다.

어떠한 행위든 최소한의 에너지가 필요한데, 그중에서도 특히 정신적이고 심리적인 에너지가 필요하다. 따라서 정신력이 약하면 그 동기 역시 약한 법이다. 이것 역시 또 하나의 악순환이다.

하지만 우리 안에 잠재된 에너지원源을 발화시켜줄 조그만 불꽃이라도 있다면 그것으로 충분하다. 더구나 우리 안에 잠재된 에너지는 무궁무진하다. 그런데 대부분의 사람이 그 에너지를 활성화시키지 못하고 동면상태로 잠재우고 있는 것이다.

우리는 좋아하는 일을 할 때보다 그렇지 못한 일을 할 때 훨씬 많은 에너지를 소모한다. 당신이 좋아하는 일에 빠져 있을 때 시간이 어떻게 흘렀는지 생각해보라. 그때 당신의 에너지를 어떻게 활용했는지도 생각해보라.

우리가 진정으로 관심있고 흥미있는 일을 하게 될 때 에너지도 훨씬 원활하게 흐른다.

"실패할까 봐 두려워!"

우리에게는 본능적인 공포심 두 가지가 있다. 그것은 높은 곳에서 떨어지는 것에 대한 공포와 시끄러운 소음에 관한 공포이다. 그밖의 두려움들은 후천적으로 배운 것일 뿐이다. 그런데도 실패에 대한 두려움은 유난히 널리 확산되어 우리의 도전정신을 마비시키고 있다.

이처럼 우리 뇌리에 깊숙이 뿌리박힌 실패에 대한 두려움은 대부분 과거의 실패에서 비롯된 것이며, 때로는 부모 세대가 무의식적으로 심어준 무력감에서 비롯된 것이기도 하다.

또한 이것이 사회 전반을 지배하는 부정적이고 단견적인 사고방식에 의해 더욱 고착화된 것도 사실이다.

이렇듯 실패에 대한 두려움은 간혹 겉으로 드러나기도 하지만 대부분의 경우 교묘하게 감추어진다. 때로는 자신이 그런 두려움에 짓눌려 있다는 사실조자 깨닫지 못하는 경우도 있다.

따라서 우리는 자신이 실패를 두려워한다는 사실을 인정하지 않으면서 다른 사람들에게는 헛된 공상을 품고 있다고 비난하기 일쑤이다. 심지어 다른 사람들의 꿈과 창의적인 아이디어를 경멸하기도 한다.

그리고 자신은 그렇게 행동하지 못하는 변명거리를 만들어내는 것에 열심이다. 가족에 대한 의무가 우선이고, 화급히 처리해야 할 문제가 있고, 시간이 부족하고, 돈이 없다는 등 수많은 변명거리가 등장한다.

그러나 가족은 현재의 생활에 만족해버린 남편이나 아버지를 높게 평가하지 않는다. 따라서 변명거리를 만들어내는 그 시간에 창의적인 일을 하는 편이 훨씬 낫다. 일반적으로 커다란 성취감을 얻게 되면 자질구레한 문제들은 저절로 해결되게 마련이다.

또 '만약'이라는 가정을 입에 달고 사는 사람들도 있다.

"만약 사장이 내 능력을 제대로 알아주었다면", "만약 내게 좋은 아이디어만 있다면", "만약 내게 좀 더 재능이 있다면", "만약 내게 좀 더 시간이 있다면", "만약 내게 좀 더 돈이 있다면", "만약 행운이 함께해준다면", "만약 내가 다른 환경에서 태어났더라면", "만약 내 사주팔자가 조금이라도 달랐더라면"…….

그러나 행동하는 사람만이 실패할 수 있다. 아무것도 시도하지 않는다면 실패하지도 않겠지만 성공할 가능성도 전혀 없다. 성공은 결코 기적처럼 주어지는 것이 아니다. 성공은 구체적인 행동과 긍정적인 사고방식의 정직한 결과이다.

토머스 에디슨은 무려 1만 번의 실패를 이겨내고 백열 전구를 만들어냈다. 에이브러햄 링컨 역시 선거에서 18번이나 패배하고 나서야 좌절감을 이겨내고 대통령에 당선될 수 있었다.

그렇다고 실패를 찬양하는 것은 아니다. 다만 과거의 경험을 통해서 실패를 열린 마음으로 받아들일 때 우리는 실패에서 값진 교훈을 얻어낼 수 있다는 사실을 강조하려는 것이다.

"나는 어차피 항상 실패했는데!"

많은 사람들이 실패를 두려워하는 가장 큰 이유 중 하나는 이미 실패한 경험이 있기 때문이다. 적어도 자신이 성공한 사람은 아니라는 잘못된 믿음 때문이기도 하다.

게다가 새로운 장애물에 부딪힐 때마다 이런 선입견은 더욱 굳어지면서 자신감이 줄어들게 된다.

따라서 첫 시도에서 실패한 사람은 자신을 인생의 패배자라고 생각하며, 그 이후로는 어떤 일을 하더라도 실패할지 모른다는 두려움에서 최선의 능력을 발휘하지 못하게 된다.

그러므로 실패가 거듭되게 마련이고, 거듭되는 실패는 그에게 패배의식을 더욱 강하게 심어주면서 곧이어 습관으로 발전한다. 결국 이런 사람들은 삶을 고난과 패배와 투쟁과 좌절의 연속일 뿐이라고 믿어버린다.

그런데 당신이 지금까지 실패한 이유가 무엇일까? 어쩌면 당신이 실패를 원했던 것인지도 모른다. 적어도 잠재의식의 차원에서는 실패를 원했을 것이다.

누구나 성공할 수 있다. 지금까지 성공하지 못했다는 이유로 당신 자신을 패배자로 단정지어야 할 이유는 없다. 어떤 난관이라도 극복할 수 있고 어떤 부정적인 생각이라도 깨끗이 씻어낼 수 있을 것이라는 자신감을 가져라. 하루라도 빨리 자신감을 되찾아라.

그리고 실패의 이유를 철저히 분석해보라.

성공을 가로막은 가장 큰 요인은 당신의 내면에 있었다는 사실에 놀라지 않을 수 없을 것이다. "나는 실패할지도 몰라", "이번에도 실패하면 어떻게 하지"라는 내면의 부정적인 독백에 그 원인이 있었다는 사실에 놀라게 될 것이다.

실제로 대부분의 사람들이 이런 부정적인 습관에서 좀처럼 벗어나지 못하고 있다.

모든 것은 정신에서 비롯된다. 당신의 행복도 당신의 정신 상태에서 결정된다.

당신은 어쩌면 어린 시절, 무엇인가에 대한 지나친 열성과 적극성으로 부모나 형제에게 호된 꾸지람을 들었을지도 모른다. 그리고 그런 꾸지람이 거듭되면서 당신은 차츰 조심스레 행동하고 욕망을 억눌러야 했을 것이다.

　그러나 어른이 된 지금도 그렇게 행동할 이유는 없다. 이제
는 남의 눈에 띄지 않도록 조심스레 처신하고 목소리를 낮춰
야 할 이유가 없다.

　아마도 이제껏 당신의 잠재의식에 이런 말을 해준 사람은
없었을 것이다.

실패는
성공의 필수조건이다

실패를 두려워 말고 이런 식으로 생각하자. '실패야말로 우리에게 놀라운 교훈을 안겨주는 피드백이 될 수 있다.'

실제로 우리는 실패를 통해서 소중한 교훈들을 배우고 있다. 실패는 새로운 것을 배우고 성장하기 위한 한 방편이다. 우리에게 실패처럼 실감나는 교훈을 가져다주는 것은 없다.

따라서 실패는 성공을 향한 길에서 반드시 거쳐야 할 교육과정의 일부라고 생각하라.

하지만 실패에서 아무것도 배우지 않는다면 당신의 상황은 조금도 나아지지 않을 것이다. 이것은 자연의 법칙처럼 지극히 당연한 것이다.

그럼에도 수많은 사람들이 커다란 행운이나 바라고 있는 이유가 무엇일까? 복권에 당첨되기를 바라고 뜻밖의 요행수를 그토록 열망하는 이유가 무엇일까?

그들처럼 모든 것이 기적처럼 해결될 것이라고 쉽게 생각하는 사람들은 의외로 많다. 그러나 그런 사람들에게 남겨지는 것은 실망뿐이다.

성공은 그처럼 은쟁반에 담겨진 채 당신에게 주어지는 것이 아니다. 성공하기 위해서는 과감히 행동할 수 있어야 하며 낡은 선입견에 굳건히 도전할 수 있어야 한다. 언제라도 실패의 위험을 감수할 수 있어야 한다.

가령 돈이 필요할 때 당신은 어떻게 하는가?

어떤 사람은 이곳저곳에 손을 벌리면서 빚이라는 함정 속에 점점 깊숙이 빠져든다. 어떤 사람은 허리띠를 졸라매고 쥐꼬리만 한 수입에 맞춰 욕망을 억제하며 근근이 살아간다.

대부분의 사람이 처음의 꿈을 성취하기 위해서 자신과 세상에 분연히 도전하기보다는 가혹한 세상을 원망하면서 꿈을 접어버린다. 그들은 언제까지나 세상의 형편에 맞추어 살아가려는 수동적인 자세로 일관하며, 어느 날 갑자기 기적이 일어나기를 기대하는 것이다. 그러나 그런 기적은 거의 일어나지 않는다.

당신의 믿음이
삶을 달라지게 한다

만일 당신의 경제적 상황을 개선시키고 싶다면, 직장에서 승진하고 싶다면, 더 많은 연봉을 받고 싶다면, 수입을 두 배로 늘리고 싶다면, 언제나 건강하게 살고 싶다면, 지금보다 훨씬 더 낫게 살겠다는 적극적인 의지가 필요하다.

요컨대 과감히 행동을 취하고 정확한 기준을 채택해서 자신의 정신자세에 변화를 주어야만 한다.

그리고 이 기준을 일관된 목표로 승화시켜야 한다. 당신이 원하는 삶을 만들어주는 절체절명의 원칙으로 삼아야만 한다. 이때 당신에게 무엇보다 필요한 것은 결심과 의지이다.

교세라 인터내셔널의 최고경영자이며 『끝없는 열정으로 성공을 성취하라』의 저자인 이나모리 가즈오는 이렇게 말했다.

> 첫째, 기업가는 뚜렷한 비전을 가져야 한다. 당신이 원하는 것을 꿈꾸는 것만으로는 결코 충분하지 않다. 강렬한 열망과 뚜렷한 비전을 끊임없이 계발하면서 잠재의식의 한 부분으로 만들어야만 한다.

많은 사람이 지금보다 더 나은 삶을 간절히 바라면서 노력한다고 하지만 번번이 실패하는 이유가 무엇일까.

그것은 소망과 갈망을 혼돈하고 있기 때문이다. 단순히 무엇인가를 바라는 소망과 무엇인가를 간절히 원하는 갈망은 엄연히 다른 것이다.

소망은 굳건한 믿음에 바탕을 두지 않기 때문에 상황에 따라 언제라도 변할 수 있는 것이다. 따라서 당신이 원하는 것을 추구하는 과정에서 필연적으로 부딪치게 될 장애물이나 게으름을 이겨낼 정도로 강력한 의지가 될 수는 없다.

그러나 무엇인가를 간절히 원하는 갈망은 당신을 행동하도록 만들어주는 동기로 발전한다. 당신이 게으름을 피우며 꾸물대는 것을 용납하지 않는다. 어떠한 장애물이라도 극복하도록 만들어주고 우리에게 날개를 달아주는 강력한 의지가 된다.

어느 날 한 제자가 스승에게 지혜를 얻는 방법을 물었다. 그러자 스승은 아무런 대답도 없이 제자를 강으로 데려가 얼굴을 붙잡고는 강물 속으로 집어넣었다. 제자는 죽을 것만 같아서 스승의 손에서 빠져나오려고 발버둥쳤다.

그러나 스승은 두 손에 더욱 힘을 주며 빠져나오지 못하도록 했고 제자는 더욱 심하게 발버둥쳤다.

마침내 스승은 손에 힘을 풀고 제자를 물속에서 건져주며 물었다.

"네 얼굴이 물속에 있을 때, 네가 가장 간절히 원했던것이 무엇이냐?"

제자는 창백해진 얼굴로 대답했다.

"숨을 쉬는 것이었습니다."

"그랬겠지. 지혜라는 것도 바로 그렇게 간절히 원해야 얻을 수 있는 것이다."

이 우화가 우리에게 가르쳐주는 것은 명백하다. '삶은 당신이 진정으로 원하는 것을 당신에게 준다'는 것이다.

불만은 꿈을 키워주는 효소

제임스 앨런도 『생각의 법칙』이라는 책에서 "당신은 열망하는 만큼 성장할 수 있을 것이다. 마음속에 비전, 즉 고결한 이상을 품고 있다면 언젠가는 성취할 수 있을 것이다"라고 말했다. 그러나 당신이 현재의 위치에서 만족해버린다면 더 이상의 발전은 기대하기 힘들다.

하지만 당신이 이 책을 선택했다는 사실만으로도 현재의 위치에서 만족하지 못하고 무엇인가를 열망하고 있다는 것을 말해준다. 불만스런 상황이 당신에게 강력한 동기로 작용한 셈이다. 따라서 불만은 꿈을 키워주는 효소라고 할 수 있다.

앞에서도 언급했듯이, 가난과 힘겹게 싸웠던 어린 시절을 딛고 일어서서 성공한 사람은 헤아릴 수 없이 많다.

그들은 한때 굴욕감마저 느껴야 했지만, 결국 가난과 비천한 신분을 딛고 일어서려는 강렬한 욕망이 그들을 성공의 길로 매진하도록 이끌었다.

그리고 이나모리 가즈오는 강렬한 욕망 외에도 굳은 결심의 필요성을 강조했다.

"강렬한 욕망을 갖더라도 상황은 변해가게 마련이다. 상황의 변화를 성공하지 못한 변명거리로 내세워서는 안 된다. 따라서 어떤 장애물이라도 반드시 이겨내고야 말겠다는 굳은 결심이 필요하다."

언제나 꿈과 열망과 욕망이 있다

당신이 마음속에 간직하고 조금씩 키워가는 꿈, 그것만큼 당신에게 소중한 것은 없다.

꿈을 접은 사람들, 강렬한 열망을 포기해버린 사람들, 이런 사람들은 그저 무의미하고 덧없는 삶을 살고 있을 뿐이다. 당신도 진정 이처럼 보람없는 삶을 살고 싶은가?

꿈을 키워라. 꿈을 실현시키기 위한 삶을 살아라. 당신의 꿈에 맞추어 삶 자체를 변화시켜라.

당신에게는 이러한 철학이 낯설게 생각될지도 모르겠다.

그러나 꿈이 없었더라면, 정확히 말해서 무엇이라도 자유롭게 꿈꿀 수 없었더라면, 이 세상은 지금과 같은 풍요를 누릴 수 없었을 것이다.

인간은 아직도 하늘을 날지 못했을 것이다. 영화도 만들어지지 못했을 것이다. 포드가 자동차를 대량 생산해내지도 못했을 것이다. 에디슨이 세상을 밝히지도 못했을 것이다.

그렇다, 인습에서 벗어나지 못한 생각, 냉소주의, 심지어는 지나치게 합리적인 판단 역시 성공을 가로막는 커다란 장애물이다.

그렇다고 터무니없고 비합리적인 행동을 부추기는 것은 결코 아니다. 절대 그런 것은 아니다.

다만 '위대한 발견과 극히 이례적인 성공 뒤에는 언제나 꿈과 열망과 욕망이 있었다'는 진리를 말하고 있을 따름이다. 주변의 냉소와 지나치게 합리적인 판단을 이겨내고 성공으로의 길을 달리기 위해서는 이러한 욕망이 절대적으로 필요하다.

또한 절실한 열망과 고결한 꿈속에 성공의 문을 열어줄 열쇠가 감추어져 있다는 사실을 명심하기 바란다.

꿈을 키워라.
꿈을 실현시키기 위한 삶을 살아라.
당신의 꿈에 맞추어 삶 자체를 변화시켜라.

위대한 발견과 극히 이례적인 성공 뒤에는
언제나 꿈과 열망과 욕망이 있었다.

백만장자처럼 생각하라

1장 〈성공의 비결은 시작에 있다〉의 내용을 요약해보자.

성공하기 위해서는 다음과 같은 네 가지 기본 조건을 완벽하게 이행할 수 있어야 한다.

❖ 당신도 반드시 성공할 수 있다고 믿어라

이것은 성공을 위해서 반드시 필요한 기본적인 조건이다. 당신도 성공할 수 있다고 믿어라. 당신 자신에 대한 믿음을 가질 수 있어야 한다.

이것은 당신을 지금까지 옭아매던 구습에서 벗어날 수 있다고 자기 암시를 거듭할 때 비로소 생겨난다. 당신이 당신 자신을 믿지 못하면서 어떻게 다른 사람에게 당신을 믿으라고 설득할 수 있겠는가?

성공은 노력 없이 주어지는 것이 아니다. 성공은 은쟁반에 담겨진 채로 당신에게 곱게 받쳐지는 것이 아니다. 성공하기 위해서는 수많은 장애물을 이겨내야 하고, 수많은 난관에 부딪혀야 한다.

그러나 성공할 수 있다는 굳건한 믿음만 갖고 있다면 장애물이나 난관에도 좌절하지 않고 성공의 길로 꾸준히 매진해 나아갈 수 있을 것이다.

❖ 과감한 시도가 있을 때 상황도 획기적으로 변할 수 있다

당신의 미래를 위해 다음의 행동원칙을 권하고 싶다.

당신이 계획하고 있는 일을 성공시킬 수 있다는 철저한 확신이 없다면 지금이라도 당장 중단하도록 하라. 그 이유는 철저한 확신이 없을 때라면 십중팔구 실패할 것이기 때문이다.

당신이 계획한 일을 확신할 수 없다는 뜻이 무엇이겠는가? 그것은 바로 당신의 잠재의식에 프로그램된 코드와 당신을 도와줄 사람들에게 전하는 메시지가 서로 어긋나고 모순된 상태라는 뜻이다.

당신은 부분적인 확신만으로도 충분하다고 생각하고 있는

가? 물론 부분적인 확신은 부분적인 성공을 안겨줄 수도 있겠지만 그것은 또한 부분적인 실패를 뜻하는 것이기도 하다.

의혹을 완전히 씻어내도록 하라. 의혹은 보잘것없는 결과를 안겨줄 뿐이다.

❖ 당신의 삶을 개선시킬 수 있다는 뜨거운 열망을 가져라

성공을 가로막는 내면의 독백과 변명거리를 빠짐없이 써보아라. 이것은 성공을 위해서 반드시 거쳐야 할 단계이다.

그래야 당신의 정신자세에서 잘못된 부분이 무엇인지 명확히 밝혀낼 수 있기 때문이다. 잘못된 것을 찾아내면 그만큼 치유하기도 쉬워진다.

이미 성공을 이룬 많은 사람들은 이런 식으로 그들의 정신에서 의혹이라는 불신을 씻어냈다. 그들은 어떤 반대에 부딪혀도 자신과 자신의 계획을 확고히 신뢰하며 조금의 의혹도 갖지 않았다.

❖ 절실한 열망과 고결한 꿈속에 성공의 문을 열어줄 열쇠가 감추어져 있음을 명심하라

원대한 꿈을 가져라, 이제는 현실적인 사람이 되겠다고 스스로 꿈을 축소시킬 필요가 없다. 그렇게 꿈을 줄여나갈 때 당신의 잠재의식마저도 위축된다.

그러나 이 책에서 제시되는 가르침을 충실히 따른다면 당신의 잘못된 현실인식도 충분히 치유될 수 있다.

꿈을 키워라. 꿈을 실현시키기 위한 삶을 살아라. 당신이 마음속에 간직하고 조금씩 키워가는 꿈, 그것만큼 소중한 것은 없다.

＋　＋　＋

정신은 모든 것을 창조하는 원동력이다.
우리 자신도 정신이 만들어낸 창조물이다.
우리에게는 생각이라는 도구가 있어
의지대로 모든 것을 만들어갈 수 있다.
온갖 즐거움과 온갖 질병은
바로 정신에서 시작된다.
우리는 마음속으로 생각을 거듭한다.
결국 이 세상은 우리를 비추어주는
거울이라 할 수 있다.

_제임스 앨런(「생각의 법칙」 저자)

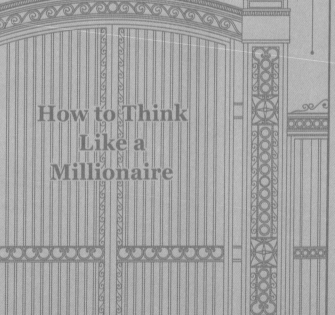

2장

성공과 부는
정신자세이다

How to Think
Like a
Millionaire

진정한 부는
정신자세이다

우리가 가장 흔히 저지르는 실수 중의 하나가 바로 내면에서 찾아야 할 것을 외부에서 찾으려는 것이다.

성공도 예외는 아니다. 진정한 행복을 안겨주는 원천이 바로 우리 내면에 자리잡고 있듯이, 성공도 내부에서 시작된다. 요컨대 성공도 아주 특별한 정신자세가 빚어내는 결실인 것이다.

나는 '아주 특별한 정신자세'라고 했지만 이것에 당신이 좋아하는 이름을 붙여주어도 좋다. '부자들의 마인드', '성공의 비결', '행복을 찾는 길' 등 무엇이라 이름 붙여도 상관없다.

한마디로 성공은 곧 자기 내면의 세계가 외부로 표출된 결과이자 특정한 목표를 향해 생각을 집중시킨 결과물이다. 그러나 대부분의 사람들은 이러한 사실을 알지 못한다.

이 책에서 제시되는 원칙들도 '정신자세가 어떤 일이라도 해낼 수 있게 한다'는 보편 진리를 다른 식으로 표현한 것이다.

진정한 부는 정신자세이다. 즉 부자들과 성공한 사람들의 삶에서 구체화된 정신자세이다. 따라서 정신적으로 부자가 된 후에야 물질적인 부자가 될 수 있으며, 정신적으로 성공한 후에야 실제의 삶에서도 성공할 수 있다. 그러므로 잠재의식에 대한 올바른 이해가 무엇보다 필요하다.

또한 "누구라도 성공할 수 있고 물질적 풍요를 누릴 수 있다는 사실을 굳게 믿고 뜨겁게 열망하라"고 말하기란 어렵지 않은 일이다.

그러나 대부분의 사람들은 과거의 쓰라린 경험 때문에 그러한 가르침을 쉽게 받아들이지 못하며, 니체가 '권력의지'라 명명했던 것을 계발할 꿈조차 꾸지 못한다.

이처럼 불신과 의혹에 짓눌려 수동적으로 움직이는 사람들에게 확고한 결심으로 행동할 것을 요구하기란 쉬운 일이 아니다. 그러나 잠재의식의 메커니즘과 위력을 깨닫게 될 때 이러한 장애물들은 누구라도 이겨낼 수 있다.

한마디로

성공은 곧 자기 내면의 세계가
외부로 표출된 결과이자
특정한 목표를 향해
생각을 집중시킨 결과물이다.

그러나 대부분의 사람들은
이러한 사실을 알지 못한다.

잠재의식에
한계란 없다

"우리의 행복과 불행을 결정짓는 주체는 바로 우리 자신이다."

이 격언을 올바로 이해한다면 당신은 가장 중요한 자극제를 얻은 셈이다.

궁극적으로 성공의 열쇠는 잠재의식을 올바로 사용하는 데 있다. 사실상 돈을 벌게 해주는 수단이나 우리에게 영향을 미치는 외부환경은 너무나 다양하기 때문에, 성공을 보장해주는 확실한 공식을 하나로 제시하기란 불가능하다.

엄격히 말해서 성공을 보장해주는 비책은 없다.

그러나 성공한 사람들의 이야기에서 공통적으로 발견되는 것이 한 가지 있다. 그것이 성공의 유일한 공식이라 한다면, '궁정적인 마음가짐'으로 간단히 정리해볼 수 있을 것이다.

또한 그동안의 연구결과로 '비즈니스 감각' 혹은 '직관력'이라 불리는 '육감'의 개념이 뚜렷이 부각되고 있다. 그러나 육감은 긍정적인 정신자세와 잘 다듬어진 잠재의식에서 발달되는 것이다.

그렇다면 대체 잠재의식이란 무엇일까? 이것은 빙산의 감추어진 부분이라 생각하면 된다. 눈에 띄는 작은 부분은 겉으로 드러나는 의식체인 반면에, 바닷속에 감추어진 커다란 부분이 잠재의식이다.

우리 삶에서 잠재의식이 해내는 역할은 상상외로 크다. 개개인의 습관, 콤플렉스, 개성 등의 근원이 바로 잠재의식이다. 또한 개인의 성패를 결정적으로 좌우하는 것이 잠재의식이다. 즉 일반적인 생각과는 달리 성패의 요건은 외부환경이 아니다.

그렇다면 잠재의식을 훈련시킬 수 있을까? 그렇다. 잠재의식을 훈련시키는 방법은 많다. 가장 효과 있는 방법은 우리의 믿음을 단련시키는 것이다.

『학습하는 조직』을 쓴 피터 센게는 이렇게 설명해준다.

우리는 두 가지 모순된 선입견 중 하나에 사로잡혀 있어 우리가 진정으로 원하는 것을 성취해낼 수 있는 능력을 스스로 억누르고 있다.

첫째로 '나는 해낼 수 없을 것'이라는 선입견이다. 즉 우리가 절실히 원하는 것이라고 해도 모든 것을 실현해낼 수는 없다는 자포자기이다.

둘째는 '나는 그럴 자격이 없다'는 선입견으로 '우리가 진정으로 원한다고 해도 모든 것을 가질 수는 없다'는 자기비하이다.

또한 우리 주변의 많은 것들이 부정적인 잠재의식을 프로그램시키고 있다. 우리의 문화도, 믿음도 이러한 잠재의식을 프로그램시킨다.

예들 들어 믿음이 세상을 인식하는 방법에 영향을 미친다는 사실은 잘 알려져 있다. 그러니까 당신이 어떤 사람을 신뢰할 수 없다고 믿는 그 순간부터, 당신은 그 사람을 뚜렷한 근거도 없이 항상 의심스런 눈으로 바라보게 된다.

우리는 잠재의식을 컴퓨터와 비교해볼 수도 있다. 컴퓨터는 입력된 프로그램을 맹목적으로 오류없이 실행한다. 그러므로 컴퓨터 업계에서 주로 통용되는 언어인 GIGO Garbage In Garbage Out(옮긴이: 불완전한 프로그램을 입력하면 불완전한 답이 나올 수밖에 없다는 원칙)가 있듯이, 어린 시절부터 우리에게 입력된 프로그램이 부정적인 쓰레기와도 같은 것이었다면 그렇게 만들어진 믿음체계에서 비롯되는 결과는 불완전한 것일 수밖에 없는 것이다.

감각이 완전히 발달되지 않은 어린 시절에는 외부세계에서 주어지는 모든 것을 거부감없이 받아들인다. 다시 말해서 프로그램의 데이터베이스를 부모, 선생님, 텔레비전, 또래의 친구에게서 받아들인다. 그리고 부드러운 찰흙처럼 무엇이라도 수용할 수 있는 어린 두뇌에 그들이 쏟아내는 말들이 뚜렷이 각인된다.

"한마디의 말이 한 사람의 삶을 망칠 수도 있다"는 말이 있다. 물론 악의적으로 그런 말을 한 것은 아니겠지만, 상대에게 공포심과 부정적 감정을 심어주는 말이라면 그 영향은 치명적인 것일 수 있다.

말 한마디가 주는 놀라운 효과

세상을 비관적으로 생각하던 어머니가 어느 날 깊은 좌절감에 빠진 어린 자식에게 지나치게 충동적이고 변덕스럽다면서 "쓸데없는 꿈 좀 꾸지 말아라. 현실을 똑바로 봐야지. 너는 대체 왜 그러니" 하고 꾸짖었다고 해보자.

이런 꾸짖음은 십중팔구 어린 자식의 잠재의식에 각인되어 그의 생각을 좌우하는 프로그램의 일부가 될 것이다. 그리고 잠재의식은 거의 무한에 가까운 힘을 발휘하면서 그 프로그램을 실행시킬 것이고 그 아이를 거듭해서 실패하게 만들 것이다. 너무나 비극적인 일이 아닌가!

더욱더 비극적인 것은 대부분의 사람들이 이런 부정적인 프로그램의 희생자임에도 그런 사실을 인식하지도 못한 채 평생을 살아가고 있다는 점이다.

말은 상상을 초월하는 강력한 힘을 갖는다. 사랑의 고백, 슬픈 소식, 축하의 한마디, 이런 모든 것이 우리 내면의 정신에 중대한 영향을 미친다. 심지어 진실이 아닌 말조차도 우리 정신은 곧이곧대로 받아들인다는 것을 기억하라.

톰 피터스와 로버트 워터맨은 『초우량 기업의 조건』에서, 반드시 진실이 아닐지라도 말이 갖는 강력한 힘을 극명하게 보여주는 실험을 소개해주었다.

> "성공보다 더 성공을 유도하는 자극제는 없다."
> 이 격언은 충분한 과학적 근거를 갖는 것으로 증명되었다. 또한 동기유발을 연구하는 학자들은 조직원에게 실제로 잘하고 있다는 자기 암시를 심어주는 것이 무엇보다 확실한 동기유발 요인이라는 결론을 내렸다. 동기유발이 절대

적인 기준에 따른 것이냐 아니냐의 문제는 그다지 중요하지 않다.

한 실험을 예로 들어보자. 피실험자들에게 10개의 까다로운 문제를 제시해주었다. 피실험자들은 그 문제를 나름대로 열심히 풀었고, 그렇게 해결한 답안지를 제출했다. 그리고 거짓된 결과가 피실험자들에게 발표되었다.

그들 중 절반에게는 열 문제 중 일곱 문제를 맞힌 우수한 성적이라는 평가가 내려졌고, 나머지 절반에게는 열 문제 중 일곱 문제나 틀린 형편없는 성적이라는 평가가 주어졌다.

그후 똑같은 피실험자들에게 똑같은 문제를 다시 풀도록 해보았다. 그 결과 우수한 평가를 받은 사람들은 첫 시험보다 훨씬 나은 성적을 거둔 반면에, 형편없는 평가를 받은 사람들은 첫 시험보다 더 나쁜 결과를 보였다.

여기에서 우리는 이런 결론을 내릴 수 있다. 과거의 성공으로 인한 조그만 자신감이 우리를 더욱 끈기 있게 만들고 일을 더욱 잘 해내겠다는 동기를 부여해준다.

이 실험의 결과는 이 책에서 주장하는 것과 밀접한 관계를 갖는다. 피실험자들의 잠재의식이 거짓된 결과에 커다란 영향을 받았던 것이다. 오직 믿음만으로 한 집단은 더 나은 성적을 보여주었고 다른 집단의 성적은 떨어진 것이 그 증거가 아니겠는가.

이 실험의 결과를 바탕으로 피터스와 워터맨은 이러한 결론을 내렸다.

즉 우수한 기업은 평범한 직원들이 최대한의 능력을 발휘하도록 조직화되어 있기 때문에 현재와 같은 효율성을 보여주는 것이다.

기업에 적용되는 원칙은 개인에게도 똑같이 적용될 수 있다. 성공한 기업의 비밀은 '잘 다듬어진 잠재의식'을 직원들에게 심어주는 효율적인 조직에 있다.

자신에 대한 부정적 생각들

악의적인 의도 없이 우리에게 부정적 인식을 심어주는 부모와 교사와 친구 이외에, 우리의 정신을 프로그램시키는 또 하나의 중요한 요소가 있다.

바로 우리 자신이다.

우리는 내적인 독백을 끊임없이 되풀이하면서 우리 자신을 프로그램시키고 있다. 우리는 "제대로 되는 일이 없어", "항상 피곤해 죽을 지경이야", "대체 내가 무엇을 할 수 있을까?", "나는 제대로 평가를 받지 못하고 있어", "나는 똑똑한 놈이 아니야", "성공이란 너무도 험난한 길이야", "시간이 부족해", "쓸데없는 일에 너무 많은 시간을 허비했어" 등등의 푸념을 끝없이 되풀이하고 있다.

우리가 우리 자신에게 되풀이하는 이런 부정적이고 비관적인 생각들로 인해 애초부터 잘못 프로그램된 우리의 잠재의식이 더욱 고착되는 것이다.

이런 부정적 생각들이 우리의 의식세계를 영원히 지배하는 것은 아니다. 성인이 되면서 우리는 자신의 정신세계에 대해서 스스로 책임질 수 있어야 한다.

또한 어떤 프로그램도 영원할 수는 없다. 부정적인 프로그램은 언제라도 소멸시킬 수 있다.

그렇다면 어떻게 소멸시킬 수 있을까? 그것은 부정적 프로그램을 완벽하게 소멸시킬 수 있다는 확신만으로도 충분하다.

날마다, 모든 면에서,
나는 점점 더 좋아지고 있다

성공하기에 유리한 환경을 조성해서 성공과 부를 이끌어내는 정신자세를 계발하는 방법은 무엇일까?

여기에는 다양한 방법이 제시되고 있는데 이 모든 방법이 자기 암시를 다른 형태로 설명한 것일 뿐이다. 이것은 정신 트레이닝, 긍정적 사고법, 자기 확신, 자기 최면, 심리 사이버네틱스, 알파법 등 다양한 명칭으로 불리고 있으며, 실제로 이 방법들은 효과가 있는 것으로 증명되었다.

이 책을 쓴 공저자인 우리 두 사람도 프랑스의 약사인 에밀 쿠에가 계발한 '자기 확신'이라는 아주 간단한 법칙을 사용해서 놀라운 효과를 경험한 바 있다.

쿠에는 이 법칙을 아주 우연하게 발견했다.

어느 날 한 손님이 의사의 처방전도 없이 약을 사러 왔다. 쿠에는 당연히 거절했지만, 그 손님은 한사코 약을 달라고 고집을 부렸다. 결국 쿠에는 속임수를 쓰는 수밖에 없었다. 즉 실제로는 설탕 덩어리에 불과한 것을 아주 효과가 뛰어난 약인 것처럼 적극 권장한 것이다.

며칠 후 그 손님은 쿠에를 찾아와서 연신 고맙다고 인사를 해댔다. 그는 처방해준 약 덕분에 완전히 치료되었다면서 매우 만족스러워했다. 훗날 '위약僞藥 효과'라 불리는 이 유명한 치료법은 이렇게 발견된 것이다.

그렇다면 과연 이 환자에게는 어떤 일이 일어났던 것일까? 이것은 바로 앞서 소개된 『초우량 기업의 조건』에서 인용된 실험 결과가 그대로 나타난 것이다. 단지 말과 확신과 잠재의식의 마법 같은 효과가 정신이 아닌 육체에 작용했다는 것만이 다를 뿐이다. 이 환자는 약사와 약에 대한 믿음, 동시에 틀림없이 나을 수 있을 것이라는 정신적 확신으로 인해 완치될 수 있었던 것이다.

쿠에가 이 실험의 의미를 깨닫는 데는 그다지 오랜 시간이 걸리지 않았다. 곧이어 그는 '말 한마디로 통증을 치료할 수

있다면 말은 사람의 성격에도 영향을 미칠 수 있지 않을까?'
하는 생각에 이르렀다.

그래서 쿠에는 틈나는 대로 연구를 시작했고, 그로부터 몇
년 후 아주 간단한 공식 하나를 개발해냈다. 그것은 설탕 덩어
리 대신에 간단한 단어들로 만들어진 공식이었다. 이 공식은
곧 전 세계로 퍼져나갔고 수많은 사람들이 과거보다 한결 나
아진 삶을 사는 데 도움을 주었다.

그러면 대체 이 쿠에의 공식은 무엇이었을까?

"날마다, 모든 면에서, 나는 점점 더 좋아지고 있다!"

이것이 바로 그 유명한 쿠에의 공식이었다.

쿠에가 세상의 환자들을 일일이 찾아다니면서 그 곁을 지켜
줄 수 없다 해도 환자들은 이 공식을 사용해서 스스로를 치료
할 수 있었다.

쿠에는 사람들에게 하루에 적어도 스무 번씩 이 공식을 큰
소리로 외쳐보라고 충고했다. 물론 사람마다 정도의 차이는
있었지만 그 결과로 그들에게는 실로 엄청난 변화가 있었다.
누구나 자신의 욕구와 성격에 따라서 자기만의 경험담을 만들
어낼 수 있었다. 쿠에의 공식은 진정 놀라운 효과가 있었다.

자기 확신을 심어주는 이 보편적인 공식은 우리 삶의 전반
을 감싸면서 우리에게 무한한 가능성을 선물로 안겨준다.

자기 암시의 황금률

자기 암시의 황금률은 '반복'에 있다. 따라서 최적의 효과를 얻자면 매일, 아니 하루 종일이라도 반복해야만 한다. 그러기 위해서는 잠재의식이 새로운 정보를 가장 수월하게 받아들이는 상태, 즉 긴장이 이완된 상태가 최적의 조건이지만 이것이 필수조건은 아니다.

그러나 확실히 긴장이 이완된 상태에서는 좀 더 신속하게 효과를 얻을 수 있다. 가령 명상을 끝낸 후, 혹은 잠자리에 들기 직전이나 잠자리에서 일어난 직후에 우리는 자연스레 이와 같은 상태에 이른다.

물론 이러한 상태를 인위적으로 유도해낼 수도 있다. 이제 그 방법을 알아보자.

우선 침대에 편안히 눕거나 안락의자에 앉아서 두 눈을 지그시 감는다. 그리고 숨을 서너 번 깊이 들이마셔라. 그런 다음 발, 발목, 다리에서 시작해서 머리끝까지 신체의 모든 부분에서 긴장을 차례로 풀어보라. 그리고 당신이 새롭게 받아들인 삶의 공식으로 당신의 잠재의식을 채워보라.

그렇게 한다면 새로운 프로그램이 조금씩 당신의 잠재의식에 각인되면서 당신은 새로운 사람으로 거듭 태어나게 될 것이다. 그리하여 부정적인 생각들이 물러나고 긍정적인 생각들로 채워지면서, 당신은 열정과 에너지를 지닌 사람으로 다시 태어나게 될 것이다. 점차 굳은 의지를 지닌 대담한 사람으로 변해갈 것이다.

여러분은 이 방법이 너무 단순하다는 이유로 그 효과까지 얕보아서는 안 된다. 에밀 쿠에와 같은 시대에 살았던 사람들도 그처럼 단순한 방법이 무슨 효과가 있겠느냐면서 코웃음을 쳤지만, 이 글을 쓰고 있는 우리야말로 이 방법으로 엄청난 효과를 보았던 살아있는 증거이다.

여러분도 오늘부터 당장 시작해보라. 속는 셈치고 한 달만이라도 하루에 서너 번씩 시도해보고 당신 스스로 그 효과를 확인해보라.

성공한 사람들은 역경에 부딪힐 때마다 잠재의식적으로 자기 암시에서 힘을 얻는다. 뜻밖의 문제에 부딪힐 때, 새로운 사업을 시작할 때, 그들은 틀림없이 성공해낼 수 있을 것이라는 확신을 거듭 확인하면서 자신을 새롭게 프로그램시킨다. 그들은 어떠한 장애물이라도 이겨내고 그들의 비전을 틀림없이 성취해낼 수 있을 것이라는 자기 암시를 거듭함으로써 성공의 길을 거침없이 달려간다.

이렇게 내면의 정신세계를 반복해서 프로그램시킨 결과 주어지는 것이 곧 자아상自我像이다.

우리는 고유한 자아상을 창조해내려고 의식적으로 노력을 해보지만, 우리가 실제로 얻는 것은 자아상에 대한 어렴풋한 모습일 뿐이다. 게다가 자아상이 우리의 삶에 어떤 역할을 하는지에 대해서는 거의 모르고 있다.

"사람은 자기가 생각하는 대로 된다"는 격언이 말해주듯, 자아상에 대한 올바른 이해는 무엇보다 중요하다. 또한 재산, 즐거움, 육체적 건강 등을 포함해서 우리의 삶과 관련된 모든 것이 자아상과 긴밀히 연결되어 있으며, 직접적인 영향을 받는다.

피터 센게는 여기에 또 하나의 중요한 사항을 덧붙인다. "궁극적으로, 잠재의식을 계발하는 데 가장 중요한 것은 목표를 향한 진실된 열망이며 또한 그 열망이 올바른 것이라는 도덕적 확신이다. 잠재의식은 도덕적인 열망과 가치관에서 벗어나지 않는 목표를 더욱 잘 받아들이는 듯하다. 영성의 지도자들에 따르면, 도덕적인 열망은 곧바로 잠재의식에 기억되어 그 일부가 되기 때문이다."

우리는 피터 센게의 이 충고를 잘 기억해두어야만 한다.

성공한 사람들은 역경에 부딪힐 때마다
잠재의식적으로 자기 암시에서 힘을 얻는다.

뜻밖의 문제에 부딪힐 때,
새로운 사업을 시작할 때,
그들은 틀림없이 성공해낼 수 있을 것이라는
확신을 거듭 확인하면서
자신을 새롭게 프로그램시킨다.

머릿속에 성공을
구체적으로 그려라

삶에서 당신은 무엇을 원하는가? 당신이 생각하는 성공이란 무엇인가?

당신은 이 세상에서 유일무이한 사람이다. 당신은 당신 나름대로 성공을 해석할 자격이 있고, 자신의 해석에 따라 성공을 성취할 수 있다.

자신을 무가치하고 하찮은 일이나 해내는 말단 직원으로 생각하는 사람, 승진의 사다리를 거침없이 올라갈 수 있으리라는 꿈조차 꾸지 못하는 사람은 늘 제자리에서 맴돌게 마련이다.

'1년 안에 수입을 두 배로 만든다고? 그건 절대 불가능해'라고 생각하는 한 당신은 영원히 쪼들리며 궁핍하게 살 수밖에 없다.

이렇듯 우리는 언제나 자아상에 맞춰 목표를 설정하게 된다. 따라서 성공하기가 어렵다면 실패하기도 어려운 것이고, 실패가 쉬운 것이라면 성공도 쉬운 것이다.

이제 당신의 자아상을 새롭게 만들어보라. 새로운 자아상은 새로운 목표를 설정하게 만들고, 새로운 목표는 당신에게 새로운 삶을 안겨줄 것이다.

삭티 거웨인은 『창조적 비전』에서 "창조적 비전은 우리가 삶에서 원하는 것을 창조해내도록 도와주는 상상력"이라고 말했다.

또한 성공한 사람들은 한결같이 성공한 모습을 머릿속에 그리면서 꿈을 하나씩 성취해갔다. 그들 역시 처음에는 보잘것없었으며, 별달리 배운 것도 없었고, 특별히 접촉할 사람도 없었지만 성공한 자신의 모습을 끊임없이 상상하면서 틀림없이 성공해낼 수 있을 것이라는 확신을 다져나갔다.

그리고 삶은 그들의 열망을 배신하지 않았다. 그들이 성공하리라 확신했던 만큼, 각자의 자아상에 따라 그들의 꿈에 응답해주었다.

당신이 상상하는 자아상과, 삶이 당신에게 전해주는 응답은 이처럼 서로 밀접한 상관관계를 갖는다. 따라서 당신이 자아상을 어떤 모습으로 그리고 있느냐가 매우 중요하다.

"날마다, 모든 면에서, 나는 점점 더 좋아지고 있다."

이런 확신으로 당신의 자아상을 만들어가라. 당신에게 성공을 향한 진실된 열망이 있다면 어느 때라도 자아상을 새롭게 만들어갈 수 있다.

또한 당신을 새롭게 프로그램시켜 나가면서 새로운 자아상을 만들어갈 때, 즉 첫 단계에서는 예전의 자아상에 의한 영향을 받게 마련이다. 이것은 너무도 자연스런 현상이다.

그러나 변화는 조금씩 일어날 것이고, 결국에는 새로운 자아상을 만들어내게 될 것이다. 그리고 새로운 자아상은 새로운 목표를 설정하게 만들고, 새로운 목표는 당신에게 과거보다 한결 나아진 삶을 선물로 안겨줄 것이다.

긍정적이고 적극적인 자기 혁신의 반복

자기 암시와 자기 확신의 효과를 극대화하기 위한 공식은 다음의 두 가지 조건을 만족시켜야 한다.

첫째, 간단해야 한다. 지나치게 긴 공식은 효과적이지 못하다.

둘째, 절대적인 원칙으로서 긍정적인 단어로 짜여진 공식이어야 한다. 왜냐하면 잠재의식은 의식세계와는 다른 식으로 반응하기 때문이다.

가령 "나는 이제 가난하지 않아"라고 말한다면 '가난'이라는 단어가 핵심어이기 때문에 가난에 대한 생각이 잠재의식에서 완전히 씻겨나가지 않을 수도 있다.

이처럼 부정적인 의미를 가지고 있는 단어로 구성된 공식을 되풀이해서 잠재의식에 심어줄 때, 어쩌면 당신의 소망과는 달리 정반대의 결과가 빚어질 수도 있다. 따라서 언제나 긍정적이고 적극적으로, 그러나 서두르지 말고 천천히 목표를 향해 접근해 나아가야 한다.

완벽하게 동의하지 못하는 공식의 역효과

간혹 어떤 책을 보면 우리가 원하는 것을 이미 성취한 것처럼 공식을 만들라고 권한다. 예를 들어 "나는 이제 부자이다"는 식이다.

그러나 내 생각은 그렇지 않다. 우리의 의식은 현실적으로 그렇지 않다는 것을 알고 있기 때문에 이러한 공식은 오히려 역효과를 가져올 수 있다. 게다가 정신적 갈등을 초래하면서 자기 암시의 긍정적인 효과까지도 위태롭게 만들 수 있다.

따라서 의식세계가 완벽하게 동의하지 못하는 "나는 이제 부자이다", "내 직업은 완벽하다"는 공식에서 커다란 효과를 기대하기는 어렵다. 만일 당신이 파산했다거나 실직자라면 이런 공식을 암송할 때마다 당신 자신에게 얼마나 실망스럽겠는가. 오히려 "나는 매일 조금씩 나아지고 있다", "나는 완벽한 직업을 만들어가고 있다"는 식으로 암송하는 편이 훨씬 낫다.

요컨대 당신이 인정할 수 있고 당신에게 힘을 북돋워줄 수 있는 공식을 찾아내는 것이 더욱 중요하다.

또한 확신은 성공을 보장해준다. 이것은 우리가 경험을 통해 직접 터득한 진리이다.

쉽사리 믿기지는 않겠지만, 자기 확신에 찬 공식을 아무런 확신도 없이 기계적으로 반복하기만 해도 상당한 효과를 거둘 수 있다.

그런데 그 공식을 가슴에 새기고 거듭해서 암송한다면 어떤 결과가 나타날 것인지는 짐작할 수 있을 것이다. 결과는 분명히 당신의 상상을 초월하는 것 이상으로 보장된다.

당신의 확신에 어떠한 한계도 두지 마라. 당신의 잠재력은 무궁무진하다. 맥도널드의 창업자 레이 크록도 "크게 생각하라. 그러면 크게 될 것이다"라고 말하지 않았는가.

2장 〈성공과 부는 정신자세이다〉의 내용을 요약해보자. 당신의 삶을 근본적으로 변화시킬 수 있는 방법들은 바로 이것이다.

❖ 당신 나름대로 성공을 정의하고, 그 내용을 간단한 문장으로
    만들어라

단, 그것은 당신에게 의욕을 북돋워줄 수 있는 문장이어야만 한다.

예를 들면 "이제 내 연간 수입은 ○○○달러이다", "나는 완벽한 직업을 만들어가고 있다"는 식이 될 것이다. 이것은 아주 간단한 행동이지만, 스스로 힘과 확신을 더해주면 커다란 효과를 갖는다. 이 방법은 당신을 근본적으로 변화시켜주는 도약대가 될 것이다.

부디 자기 확신을 잊지 마라. 자기 확신이야말로 성공을 위한 절대적인 공식이다. 그 공식을 눈에 잘 띄는 곳에 붙여두어라. 그리고 틈나는 대로 그 공식을 암송하도록 하라.

❖ **성공을 위한 문장을 틈나는 대로 암송하라**

당신을 근본적으로 변화시켜줄 최고의 방법이다.

성공한 사람들은 다음과 같은 특성들을 갖고 있다.

- 끈기 있다
- 자신감에 넘친다
- 열정적이다
- 상상력이 풍부하다
- 활기차다
- 부지런하다
- 대담하다
- 긍정적이다
- 직관적이다
- 기민하다

- 설득력 있다
- 신뢰감을 준다
- 믿음직하다
- 과감하다
- 유머가 풍부하다
- 여유 있다

이 중에서 당신에게 부족하다고 생각되는 자질의 단어를 선택해서 매일 틈나는 대로 반복해서 암송하라.

물론 "나는 자신감에 넘친다"는 식으로 자기 확신을 심는 방법도 괜찮다. 점차 당신이 자신감을 얻어가며 변화해가는 것을 틀림없이 확인할 수 있을 것이다.

❖ 당신이 완벽한 수준까지 끌어올리고 싶은 자질들의 목록을 만들어라

물론 한꺼번에 모든 자질을 획득할 수는 없다. 한번에 하나씩 성취한다는 느긋한 마음으로 시작하고, 당신에게 가장 부

족하다고 생각되는 자질부터 시작하라.

조금씩 변해가는 당신을 확인할 수 있을 것이다.

❖ '날마다, 모든 면에서, 나는 점점 더 좋아지고 있다'라고 스스
  로 확신하라

하루에 적어도 스무 번씩 이 공식을 외쳐보라. 사람마다 정
도의 차이는 있겠지만 분명 엄청난 변화가 있을 것이다. 자기
확신을 심어주는 이 공식은 우리에게 무한한 가능성을 선물로
안겨준다.

＋ ＋ ＋

성공을 위해서는
성공하겠다는 강렬한 욕망이
우리의 잠재의식까지
스며들 수 있어야 한다.

_이나모리 가즈오(교세라 창업주)

MARK FISHER · MARC ALLEN

3장

정신적 장애물을
과감히 걷어버려라

How to Think
Like a
Millionaire

성공하겠다는
강렬한 욕망을 방해하지 마라

성공을 원하는 사람에게 가장 필요한 충고를 한마디로 정리하면 다음과 같다.

"성공을 위해서는 성공하겠다는 강렬한 욕망이 우리의 잠재의식까지 스며들 수 있어야 한다."

이렇게 성공의 열망이 잠재의식까지 스며들게 된다면, 우리는 우주까지 창조해낼 수 있는 무한한 힘을 얻은 것과 마찬가지이다. 그 힘이 우리의 열정을 떠받쳐주기 때문이다.

따라서 이렇게 될 때 우리는 삶을 원하는 모습으로 가꾸어 갈 수 있으며, 우리는 그 과정에서 새로운 자아상을 창조해낼 수 있다.

그리고 새로운 자아상이 잠재의식에 스며들 때 예전의 자아상은 필연적으로 소멸되게 마련이다.

이러한 변화가 결코 쉬운 것은 아니다. 변화, 결국 더 나은 방향으로의 변화를 방해하는 정신적 장애물을 극복해낼 수 있어야 한다.

정신적 장애물은 우리가 세상을 살아가면서 습관처럼 굳어져버린 무의식적 믿음이다. 이러한 무의식적 믿음이란 무엇일까?

윌리엄 허만은 『정신의 총체적 변화』에서 무의식적 믿음을 이렇게 설명해준다.

> 한 사람의 믿음체계는 그가 경험하고 있는 세계, 즉 언어적 세계와 비언어적 세계, 눈에 보이는 세계와 눈에 보이지 않는 세계, 그리고 의식 차원의 세계와 무의식 차원의 세계에서 진실로 받아들이는 확고한 믿음과 기대치로 이루어진다.
>
> 따라서 믿음체계는 논리적인 일관성을 띨 필요가 없다. 아니, 논리적 일관성을 띨 수가 없는 것이다.

그렇다면 우리의 무의식 세계에 가장 깊이 뿌리내리고 있으면서 해악을 끼치는 정신적 장애물은 무엇일까?

돈은 나쁜 것이라는 잘못된 인식

첫 번째로 '돈은 나쁜 것'이라는 잘못된 인식이다. 그리고 이러한 인식은 '돈이야말로 모든 악의 근원'이라고 가르치는 기독교 정신에서 비롯된 것일 수 있다.

그러나 성경을 잘 읽어보면 '돈을 탐내는 것이 모든 악의 근원'이라고 씌어 있을 뿐이다.

그렇다, 돈에 대한 욕심은 탐욕과 이기심을 부추길 수 있다. 분명히 돈의 노예가 되는 것은 위험하다.

돈은 유용한 하인이기도 하지만, 간사하고 폭압적인 주인으로 돌변하기도 한다. 또한 돈은 우리에게 모든 시간과 정력을 쏟아붓게 만드는 유혹적인 것이기도 하다. 따라서 돈을 벌겠다는 결심을 세우는 순간부터 이러한 사실만큼은 가슴에 새겨두어야 할 것이다.

이 책과 같은 책들을 읽으면서 재물에 대한 이런 속성을 의식과 잠재의식에 심어간다면 크게 걱정할 것은 없지만, 그래도 당신 자신에게 "나는 과연 돈을 어떻게 생각하고 있는가?"라고 정직하게 물어보는 시간을 가져볼 필요가 있다.

우리 사회는 돈을 대단히 해악스런 것이라 생각하며 비난한다. 물론 그러한 비난 중에는 정당한 것도 있지만, 우리가 서비스를 효율적으로 제공하고 그에 대한 정당한 보상을 받는다는 것은 우리 자신을 위해서나 이 세상을 위해서도 무척이나 긍정적인 현상임을 알아야만 한다.

돈을
긍정적으로 생각하라

우리는 노동을 통해서 새로운 아이디어를 떠올리고 혁신적인 제품을 창조해낼 수 있다. 또한 생산적인 새로운 직업, 아름다운 예술품, 교육적 도구 따위를 무한히 만들어낼 수 있다.

그리하여 진정으로 성공의 의미를 깨달은 사람들은 성공의 열매를 자신이 속한 공동체와 세상에 자선이라는 형태로, 즉 물질적 지원과 비전의 제시로 나누어준다.

그러나 개인적 탐욕과 사치스런 삶에 물들어 오직 자기만을 생각하는 인색한 사람들도 무수히 많다. 돈에 걸신들린 사람처럼 천박하고 부도덕한 짓을 저지르는 사람들도 헤아릴 수 없을 정도이다. 마찬가지로 물질적 풍요를 누리는 나라들이 문화와 과학에서 위대한 성취를 이룩한 나라들이라는 등식은 성립되지 않는다.

그러나 돈이 인간의 기본적인 욕구를 넘어서는 열망을 추구하는 데 필요한 시간과 자원을 제공해주고, 그 결과로 생존 자체만큼이나 중요한 것들을 창조해내는 촉매제가 된다는 엄연한 사실마저 부인할 수는 없다.

돈은 서비스한 것을 인정해주는 대가이다. 따라서 부자는 많은 사람들에게 서비스를 제공해주고 그에 대한 대가를 정당하게 받은 사람들이다.

한 예로 월트 디즈니를 생각해보라. 그가 얼마나 많은 아이들과 어른들에게 즐거움을 주었는가. 이렇듯 부자들이 세상에 기여한 업적들을 빠짐없이 기록하기란 불가능할 지경이다.

명확하게 말해서 돈은 힘이다. 세상을 풍요롭게 만드는 강력한 원동력이다. 이것만은 부인할 수 없는 사실이다.

언젠가 헨리 포드는 "만약 당신의 전 재산을 날린다면 어떻게 하겠느냐?"는 질문을 받은 적이 있었다. 그때 포드는 조금의 망설임도 없이 이렇게 대답했다.

"나는 사람이 지닌 다른 기본적인 욕구를 찾아내서, 다른 사람들보다 훨씬 저렴한 가격과 훨씬 뛰어난 서비스로 그 욕구를 만족시켜줄 방법을 찾겠습니다."

또한 그는 "전 재산을 날리더라도 나는 5년 내에 다시 백만 장자가 될 수 있을 것"이라고 덧붙였다.

어찌되었든 많은 사람들이 돈을 혐오한다. 그러나 대부분의 경우 이런 혐오는 위선일 뿐이다.

만약 당신이 이 책에서 알려주는 돈에 대한 원칙을 올바로 이해하고 사람들에게 적절한 서비스를 제공함으로써 엄청난 돈을 벌게 된다면, 부자들에 대한 당신의 생각은 완전히 달라질 것이다. 왜냐하면 그 순간부터 당신도 부자이기 때문이다.

또한 당신의 돈으로 많은 사람들에게 혜택을 줄 수 있는 일들을 해낼 수 있기 때문이기도 하다.

환경을 바꿀 수 없을 거라는 잘못된 인식

두 번째로 꼽을 수 있는 정신적 장애물은 자라난 환경에서 벗어날 수 없을 것이라는 두려움이다.

예를 들면 자신이 부모보다 더 나은 삶을 살 수 없을 것이라는 선입견이다. 물론 모든 사람이 이러한 이유로 고민하는 것은 아니다. 앞에서도 지적했듯이, 가난도 성공을 위한 강력한 촉매제가 될 수 있다.

그러나 많은 사람에게 가난은 일종의 노이로제처럼 정신적인 굴레로 작용한다. 그리하여 결국 가난이라는 사슬을 벗어나지 못하게 만든다. 이것은 자아상이 잘못 정립되어 있기 때문이다.

이렇듯 돈을 벌겠다는 목표에 걸림돌로 작용하는 정신적 장애물은 무척이나 다양한 형태로 나타나기 때문에 일일이 하나씩 열거하기란 불가능한 일이다.

따라서 돈과 성공을 긍정적으로 생각하면서 새로운 자아상을 정립하는 것이 중요하다.

언제나 당신의 눈과 가슴을 열어놓고 스스로에게 정직하도록 하라. 당신의 성공을 가로막는 정신적 장애물을 찾아내어, 그 장애물을 걷어내라. 당신을 옭아매는 모든 잘못된 선입견을 찾아내서 그 선입견을 던져버려라.

그 대신에 모든 것을 긍정적으로 생각하라. 그리고 가난과 부, 이 두 가지는 모두 생각에서 비롯되는 결과물임을 기억하라.

정신에
한계란 없다

"그렇다고 생각하면 정말 그렇게 된다."

몇 번이고 되풀이해도 새롭게 느껴지는 진리이다. 이것은 우리의 삶을 좌우하는 강력한 진리이다.

실제로 우리가 스스로 한계선을 긋지 않는 한 우리의 정신에는 어떠한 한계도 없다. 이러한 사실을 진리로 받아들이고 당신의 삶에 적용시킨다면, 당신은 틀림없이 성공할 수 있을 것이며, 결국 당신의 열망대로 현재와 미래의 삶을 꾸려갈 수 있을 것이다.

그리고 이 진리를 당신의 삶에 적용시키는 바로 그 순간부터 당신을 에워싼 환경이 당신의 뜻대로 바뀌어갈 것이고, 그 결과 당신의 삶도 점차 당신이 원하는 방향으로 순탄하게 흘러갈 것이다.

당신이 긍정적인 사고를 계속한다면, 당신은 삶 속에서 상상과도 같이 강력한 사람으로 다시 태어나게 될 것이다. 매일 당신을 다시 프로그램시키고 창조적인 비전을 생각하는 데 시간을 투자하라.

이러한 모든 것이 다른 사람들은 헛된 공상이라고 비난하는 백일몽이라도 괜찮다. 사실 얼마나 많은 사람들이 백일몽으로 부자가 되었는가.

우리에게 가장 큰돈을 벌어주는 생각은 바로 백일몽에서 시작된다. 따라서 한계를 생각지 않고 자유롭게 상상의 날개를 펼쳐가면서 미래의 가능성에 대해 엉뚱한 생각을 할 때 뜻밖의 기회가 포착될 수도 있다.

물론 많은 꿈을 접어버리고 현실을 직시하면서 운명을 받아들여야 한다고 말하는 현실적인 사람들은 이렇게 터무니없어 보이는 백일몽을 가차없이 나무랄 것이다.

꿈을 실현시키는 사람들

꿈을 꾸는 사람도 두 유형으로 나뉜다. 하나는 꿈을 꾸면서 꿈을 실현시키기 위한 어떠한 시도도 하지 않는 사람들이다.

그리고 또 하나는 계속하여 잠재의식의 창조적인 힘을 굳게 믿고 실천에 옮기는 사람들이다. 그런데 이들은 엄격히 구분된다.

후자의 사람들은 꿈을 실현시키기 위해서 구체적인 행동을 취하는 몽상가들이다. 그리하여 세계를 직접 만들어가고, 자신을 위해 재산을 축적해가는 과정에서 다른 사람들에게도 혜택을 안겨준다.

『성공을 잡는 일곱 가지 마음의 법칙』에서 디팩 초프라는 이렇게 말하고 있다.

> 어떠한 목표와 꿈에는 그 성취를 위한 씨앗과 메커니즘이 내재되어 있게 마련이다. 그러므로 순수한 가능성만이 모색되는 분야에서도 목표와 꿈은 무한한 조직력을 갖는다. 따라서 가능성을 찾아 미지의 땅에서 목표를 세운 것만으로도 우리는 이 무한한 조직력을 이미 가동시킨 것이 된다.

초프라는 과연 어떤 의도로 이렇게 말했을까?

비록 멋진 목표를 생각해내도 당신의 사고가 돈에 대한 부정적인 선입견으로 가득 채워져 있다면 당신은 그런 생각을 떠올리는 수준에서 끝날 것이다. 다시 말해서 이런 경우 그럭

저럭 먹고살 수야 있겠지만 결코 넉넉하지는 못할 것이다.

그러나 무한한 가능성을 지닌 우주처럼 이 세상에서도 끝없이 꿈을 펼칠 수 있을 것이라고 생각한다면, 새롭고 긍정적인 방향으로 생각을 돌린다면 당신은 그 생각대로 성공을 거두면서 뿌듯한 성취감을 맛보게 될 것이다.

상상하고 또 상상하라

당신이 꿈꾸는 것을 이미 가졌다고 상상해보라. 당신의 목표를 이미 이루었다고 상상해보라. 그때 당신의 삶이 어떤 모습으로 펼쳐나가게 될지도 상상해보라. 그러면 그것이 당신에게 성공을 더욱 절실하게 원하도록 자극하는 원동력이 되어줄 것이다.

또한 잠재의식은 의식세계처럼 현실의 법칙에 구애받지 않는다. 이처럼 잠재의식에는 시간이란 개념 자체가 존재하지 않는다. 그리고 잠재의식이 만들어지는 꿈에서도 시간이란 개념은 존재하지 않는다.

이 때문에 어린 시절의 충격이 성인으로 성장한 후에도 오랫동안 영향을 미치게 되는 것이다. 물론 합리적인 의식세계라면 그러한 과거는 더 이상 걱정할 필요가 없다고 부인하겠지만 잠재의식은 이러한 시간의 차이를 인식하지 못할 수 있다.

당신이 꿈꾸는 것을
이미 가졌다고 상상해보라.
당신의 목표를
이미 이루었다고 상상해보라.
그때 당신의 삶이 어떤 모습으로
펼쳐나가게 될지도 상상해보라.

그것이 당신에게
성공을 더욱 절실하게 원하도록
자극하는 원동력이 되어줄 것이다.

따라서 우리가 상상하는 것이 두려움에서 비롯된 것이든 뜨거운 열망에서 비롯된 것이든 잠재의식은 상상이나 심상(心想)에서 보았던 것을 진실이라 생각하면서 곧바로 구체화시키려 달려든다.

그러니 당신이 꿈꾸는 것을 이미 가졌다고 상상하라.

한편으로 이러한 조언은 자기 확신에 대해서 말했던 부분과 모순되는 것처럼 보일 수도 있다. 그러나 상상과 심상에서는 당신이 꿈꾸는 미래를 이미 이뤄냈다고 구체적으로 생각해보는 것도 성공을 위해 무척이나 효과있는 수련법이다.

성공을
구체화시켜라

생각의 차원에서 머물던 것들도 자기 암시를 통해 충분히 무르익으면 구체화되기 시작한다. 성공하기 위해서는 자신의 사고 방향을 면밀히 점검해보아야 한다. 그렇게 할 때 당신이 신경을 집중하는 것, 즉 당신이 에너지를 쏟아붓는 것은 필연적으로 구체화되게 마련이다.

경제적인 곤경에 온 생각을 집중하는 것은 오히려 그 문제를 불러들이는 셈이다.

반면에 당신이 꿈꾸는 원대한 목표에 삶의 초점을 맞춘다면 풍요와 번영과 성공을 약속받는다. 늘 아내에게 안겨주는 쥐꼬리만 한 월급에만 전전긍긍한다면 당신은 좌절감과 낭패감을 계속해서 맛보아야 할 것이다.

그러나 매달 조금씩 떼어놓는 약간의 돈으로 저축액이 늘어나는 것에 삶의 초점을 맞춘다면 당신은 이미 그것만으로도 미래의 행복을 만들어가기 시작한 것이다. 왜냐하면 당신의 관심이 '부족'에서 '성장'으로 옮겨갔기 때문이다.

다시 말하건대, 생각을 긍정적인 방향으로 바꾸도록 노력하라. 당신의 관심이 부족에서 성장으로 옮겨가고 곤경에서 번영으로 옮겨갈 때 삶 자체가 완전히 달라지는 것에 놀라지 않을 수 없을 것이다.

또한 잠재의식은 인과관계라는 보편 법칙에 지배받는 거대한 밭과도 같다. 이것은 싱경의 말씀처럼 뿌린 대로 거두는 것이다.

그렇다면 생각과 느낌은 원인이고, 사실과 사건은 결과라고 생각해보자.

하지만 불행히도 대부분의 사람이 성공과 직결된 기회를 포착하는 데 상상력을 발휘하기보다는 그들의 꿈을 실현시키는 데 걸림돌이 되는 문젯거리를 불러내는 것에 상상력을 동원할 뿐이다.

스티븐 코비도 『성공하는 사람들의 7가지 습관』에서 이 점을 지적하고 있다.

> 우리가 습관이라는 인력에 저항하기란 여간 힘들지 않다. 모든 자연력이 그렇듯이 인력은 우리에게 유리한 방향으로 작용할 수도 있지만 불리한 방향으로 작용할 수도 있다.
>
> 그런데 우리가 원하는 방향으로 나아가는 데 끊임없이 방해하는 습관들이 있다. 상당한 의지력이나 삶에서의 혁신적인 변화가 없다면 이와 같이 효율성이라는 기본 원리를 해치는 '미루기, 조바심, 흠잡기' 등과 같은 뿌리깊은 습관을 떨쳐내기란 불가능하다.
>
> 이러한 습관들의 인력에서 벗어나기 위해서는 엄청난 노력이 필요하다.
>
> 그러나 그 인력에서 일단 벗어나기만 하면 우리는 완전히 새로운 차원에서 자유를 누리게 된다. 실질적인 변화는 습관의 굴레에서 벗어나는 것에서부터 시작된다.
>
> 그리고 변화는 근본을 공격하는 것에서 시작된다. 다시 말해서 우리의 사고방식과 성격을 결정하고 우리가 세상

을 바라보는 렌즈 역할을 해주는 근본적이고 본질적인 패러다임을 바꾸는 것에서부터 진정한 변화가 시작된다.

꿈으로의 몰입

성공하는 사람들은 그들의 꿈에서 용기와 영감을 얻는다. 그들은 꿈을 성취할 방법에 대해 삶의 초점을 맞춘다. 그리하여 그 꿈의 성취를 방해하는 것에는 별다른 눈길을 주지 않는다.

발명가는 완성된 발명품을 머리에 떠올리고, 예술가는 완성된 작품을 상상한다. 또한 성공하는 기업가들은 비즈니스가 나날이 번창하는 모습에서 용기를 얻는다. 공상가, 사회사업가, 비영리 기업가, 때로는 일부의 정치인도 사회가 더 나은 방향으로 개선된 모습을 머리에 떠올리며 흐뭇한 미소를 짓는다.

미디어 제국을 이룩해낸 테드 터너가 "공상가는 미래에 대한 비전을 가져야 한다"고 말한 것도 같은 맥락이라고 할 수 있다.

지금은 아이디어가 세상을 지배한다. 이처럼 아이디어의 힘은 말로 설명하기 힘들 정도로 위력적이다.

따라서 풍요로움과 성공에 대한 생각으로, 다른 사람에게 봉사하겠다는 생각으로 우리 정신을 반복해서 채워주어야 한다. 말하자면 부정적인 생각이 갖는 위력에서 완전히 벗어날

성공하는 사람들은
그들의 꿈에서 용기와 영감을 얻는다.
그들은 꿈을 성취할 방법에 대해
삶의 초점을 맞춘다.

그리하여
그 꿈의 성취를 방해하는 것에는
별다른 눈길을 주지 않는다.

수 있어야 한다.

그리하여 낡고 부정적인 생각을 새롭고 긍정적인 자아상으로 교체해야만 한다. 우리의 인식은 어떤 생각이나 에너지를 가질 때 신비로운 인력법칙에 따라서 비슷한 성질을 띤 것들을 무차별적으로 끌어당긴다. 마치 자석과도 같다.

긍정은 긍정을, 부정은 부정을 낳는다

부정적인 생각은 부정적인 결과를 낳고 긍정적인 생각은 긍정적인 결과를 낳게 마련이다.

아쉽게도 우리 사회는 이러한 진리를 제대로 확산시키지 못하고 있다. 일반적으로 교육기관은 합리적이고 논리적인 생각을 강조하는 것에만 급급할 뿐, 생각이 갖는 직관적이고 상상적인 면에 대해서는 철저히 무시하고 심지어 경멸하기조차 한다. 달리 말해서 우뇌의 역할을 지나치게 무시하고 있다.

그러나 우리에게 독창적인 꿈이 없었다면 오늘날과 같은 풍요를 결코 누릴 수 없었을 것이다. 또한 위대한 예술품도 태어나지 못했을 것이다.

운명은 개척해 나가는 것

우리의 꿈은 내면의 자아가 투영된 모습이다. 또한 투영이란 미래에 펼쳐질 우리 자신의 모습이다. 우리가 자아상을 원대하게 프로그램시킬수록 우리의 꿈도 그에 따라 원대해진다. 또한 이 순간에는 우리가 터무니없는 꿈을 품고 있는 듯하지만, 그 꿈은 생각하는 것보다 훨씬 쉽게 성취될 수도 있다.

그 좋은 예로, 스티븐 스필버그가 있다.

그가 무명시절이었던 때, 그에게는 어떤 영화를 만들지에 대한 꿈도 있었고 완성된 시나리오도 있었지만 제작비를 지원해줄 프로듀서가 없었다.

상념에 사로잡혀 해변을 걷고 있던 어느 날, 그는 젊은 영화 제작자들에게 투자하려는 한 부자를 정말로 '우연히' 만나게 되었다. 일면식도 없었던 그 부자가 투자한 돈으로 스필버그는 〈앰블린〉을 제작할 수 있었고, 그 영화로 베니스 국제영화제에서 수상하면서 할리우드 프로듀서들의 관심을 끌게 되었다. 이와 같은 스필버그의 예는 '잠재의식이 문제를 해결해준다'는 진리를 증명해준 좋은 사례이다.

때때로 우리는 우연한 만남에서, 우연히 읽게 된 신문기사나 우연히 보게 된 텔레비전 프로그램에서도 골치아픈 문제를 한꺼번에 해결해줄 실마리를 얻기도 한다. 또 가족이나 친구가 무심코 던진 한마디에서 성공의 실마리를 찾기도 한다.

그러나 행운은 우연히 주어지는 것이 아니다. 많은 사람들이 곤란한 상황에 부딪칠 때마다 운명에 굴복할 수밖에 없다며 운명을 탓하지만, 성공하는 사람들은 다르다.

그들은 세상을 정신적으로나 물리적인 인과법칙에 따라 움직이는 것이라고 생각하며 어떠한 난관에도 굳건히 맞서면서 스스로 운명을 만들어가겠다고 도전한다. 이렇듯 굳건한 정신 자세는 긍정적인 생각과 행동에서 비롯되는 것이다.

행운과 악운도 마찬가지이다. 행운과 악운도 우리가 생각하고 행동하는 방향의 산물이다. 다시 말해서 우리는 운명, 즉 행운과 악운을 스스로 만들어갈 수 있다.

따라서 정신의 법칙과 성공의 법칙을 올바로 배워서 실천하는 사람들은 자신의 운명을 개척해가는 사람들이다.

성공의 아주 간단한 비밀

성공의 비밀은 어째서 비밀이 되어 있을까? 그것은 성공한 사람들이 그 비밀을 감추고 알려주지 않기 때문만은 아니다. 오히려 그 비밀을 제대로 이해하는 사람이 거의 없기 때문에 비밀처럼 여겨지는 것이다.

성공의 비밀은 이렇게 간단히 요약될 수 있다.

'우리가 진실로 믿는 것은 무엇이라도 성취해낼 수 있다.'

당신이 이 말에 담긴 뜻을 올바로 이해한다면 성공은 제 발로 당신에게 찾아올 것이다.

성공의 비밀은 또한 이렇게 요약할 수도 있다.

"당신이 가능하다고 생각하면 해낼 것이고, 당신이 불가능하다고 생각하면 해낼 수 없을 것이다."

우리가 진실로 믿는 것은
무엇이라도 성취해낼 수 있다.

당신이 가능하다고 생각하면
해낼 것이고,
당신이 불가능하다고 생각하면
해낼 수 없을 것이다.

돈과 성공에 대한 긍정적인 시각을 갖기 위해서는 다음과 같은 세 가지 과정이 필요하다.

❖ 당신에게 돈과 성공을 부정적으로 생각하게 만드는 정신적 장 애물을 찾아내라

당신은 돈을 어떻게 생각하는가? 돈에 대한 생각이 긍정적 인가 아니면 부정적인가? 돈에 대한 당신의 구체적인 생각이 떠오를 때마다 하나도 빠짐없이 기록하라. 또한 그렇게 생각 하는 이유에 대해서도 곰곰이 따져보라.

그리고 당신의 원대한 꿈을 성취하는 데 도움이 되지 않는 구태의연한 선입견들에서 벗어나도록 노력하라.

❖ 당신이 생각하는 방향을 철저히 점검하라

당신이 목표로 하는 것에 대해 모든 초점을 맞춰라.

당신도 풍요롭고 윤택한 삶을 살 수 있으며 성공할 수 있다고 생각하라.

이를테면 통장을 개설하고 매주 작은 푼돈이라도 저축해보라. 당신이 가진 것은 아무것도 없다고 푸념하는 대신에, 매주 조금씩 돈이 쌓여가는 통장에 생각을 집중하도록 의식적으로 노력해보라.

그러면 당신이 '부족한 것'에 삶의 초점을 맞추던 시절과, '성장과 풍요로움'에 초점을 맞춘 시절의 차이를 뚜렷이 느낄 수 있을 것이다.

당신이 이러한 생각의 차이를 절실하게 느낀 후에는 의식적인 노력 없이도 생각의 방향이 자연스레 긍정적으로 바뀌게 된다. 이후에는 당신의 모든 생각이 긍정적으로 바뀌어갈 것이다.

❖ 당신의 생각을 다시 프로그램하라

이 책에서 소개된 방식대로 실천해보라. 매일 당신을 다시 프로그램시키고 창조적인 비전을 생각하는 데 시간을 투자하라. 다른 사람들이 헛된 공상이라고 비난하는 백일몽이라도 상관없다.

그리고 긴장을 이완시킨 편안한 상태에서 새롭고 긍정적인 자아상으로 당신의 정신을 가득 채워라. 당신이 상상할 수 있는 최고의 성공을 이미 이루었다는 환상을 품어보라.

당신이 목표를 달성했을 때의 모습을 상상해보면서 그때의 즐거움을 미리 느껴보라.

매일, 적어도 매주 이러한 훈련을 반복하라. 단시간 내에 당신의 삶에서 극적인 변화가 일어나는 것을 직접 목격할 수 있을 것이다.

* * *

하늘이 우리에게 안겨준
가장 큰 선물 중의 하나는 직관이다.
직관이야말로 우리 모두에게
잠재된 육감이다.
우리는 직관에 접근해서 모색하고
직관을 확신으로 발전시키는
방법을 배울 필요가 있다.

_도나 카란(디자이너 겸 DKNY 최고경영자)

4장

성공을 위해
직관력을 길러라

How to Think
Like a
Millionaire

직관을 확신으로 바꾸는
방법을 터득하라

당신이 꿈을 갖는 것과 자신감을 갖는 것은 중요하다.

하지만 당신의 꿈이 멋진 비즈니스로 연결될 수 있는 것인지, 당신이 치명적인 실수를 저지르지 않을 것인지에 대한 확신은 어떻게 가질 수 있을까?

우리는 끊임없이 결정을 내려야 하는 시대에 살고 있다.

"지금이 새로운 직업을 찾아야 하는 때일까", "어떤 직업을 선택해야 할까", "어떤 프로젝트를 지원해야 할까", "어떻게 투자해야 할까" 등 수많은 결정사항들이 주어진다.

이렇듯 비즈니스나 커리어에서 잘못된 선택은 당신에게 치명적인 타격이 아닐지라도 상당한 손해를 줄 수 있다.

우리는 올바른 결정을 내릴 수 있는 방법을 배워야 한다. 성공한 사람들이 증언해주듯 이러한 능력은 타고난 것이 아니다. 후천적으로 배워서 터득하고 나날이 발전시켜 나아갈 수 있는 능력이다.

따라서 시간과 에너지를 투자한다면 누구라도 이 능력을 만족할 수준까지 향상시킬 수 있다. 비즈니스는 계획만으로 모든 문제가 해결되는 것이 결코 아니다.

마크 맥코맥은 『하버드에서도 가르쳐주지 않는 것들』에서 흥미로운 사례를 인용하면서 이 원리를 설명해주었다.

한 애완견 사료 회사가 연례 영업회의를 개최하고 있었다. 회의는 열띤 분위기 속에서 진행되었다. 광고담당 책임자가 '기업활동을 혁명적으로 바꾸어놓을 POS 시스템'을 소개하고 판매담당 책임자가 비즈니스에서 영업력의 중요성을 역설하는 동안 사장은 끈기있게 그들의 이야기를 경청해주었다.

마침내 사장의 폐회사로 연례회의를 끝낼 시간이 되었다. 연단에 올라선 사장은 이렇게 말문을 열었다.

"지난 며칠 동안 우리는 올해 계획에 대한 각 부서장의 설명을 들었습니다. 이제 회의를 끝낼 시간이 되었습니다.

그런데 저에게는 아직 풀리지 않는 한 가지 의문이 있습니다. 우리가 이토록 최고의 광고와 마케팅과 영업력을 지녔는데 어째서 우리 회사가 애완견 사료업계에서 최고의 매출을 올리지 못하는 것일까요?"

그 순간 회의장은 쥐죽은 듯 조용해졌다. 영원처럼 느껴진 짧은 시간이 지난 후, 회의실 뒤편에서 한 사내가 작은 목소리로 대답했다.

"개가 우리 회사 제품을 싫어하기 때문입니다."

이 이야기에서 보듯, 아무리 우수한 마케팅도 소비자의 욕구를 채워주지 못하는 조악한 제품이나 서비스를 좋은 성적으로 판매할 수는 없는 법이다.

그렇다면 당신이 세운 계획이 올바른 것인지 아닌지를 어떻게 판단할 수 있을까?

여기에서 직관이 필요하다. 당신은 직관에 접근해서 모색한 뒤, 직관을 확신으로 발전시키는 방법을 배워야 한다.

가능성의 모색

한 예로, '공기보다 무거운 물체는 하늘을 날 수 없다'는 사실을 증명하려는 과학적 연구가 한창 진행되고 있을 때 라이트 형제는 비행기를 발명하겠다고 나섰다.

또한 맥도널드를 창업한 레이 크록의 친구들은 싸구려 햄버거를 파는 사업에 뛰어드는 것은 미친 짓이나 다름 없다고 핀잔을 주었다. 그러나 결국 그는 남들의 조롱을 무시하고 세계 최대 기업 중의 하나인 맥도널드를 만들어냈다.

당신이 성공하고 싶다면 이처럼 다른 사람들은 어렵다고 포기하거나, 불가능한 일이라고 생각하는 분야에서도 가능성을 모색할 줄 아는 능력을 키워가야만 한다.

월마트의 창립자이며 회장인 샘 월튼 역시 필요성에서 기회를 포착함으로써 월마트를 오늘날과 같은 대규모 다국적기업으로 키워낼 수 있었다고 『메이드 인 아메리카』에서 분명히 지적하고 있다.

> 우리에게 돈을 안겨준 최고의 기회들은 필요성에서 나온 것이다.
>
> 우리는 중심가에서 멀리 떨어진 조그만 마을에서 자본이나 운영자금도 거의 없이 시작했기 때문에 의무적으로 할

수밖에 없었던 일들이 우리를 어엿한 기업으로 성장시켜 준 밑거름이 되었던 것이다.

월튼은 다른 사람들이 어렵고 불가능한 일이라고 생각했던 분야에서 가능성을 볼 줄 아는 혜안이 있었기 때문에 그의 회사는 성장할 수 있었고 지금도 계속해서 성장하고 있다.

이처럼 다른 사람들이 불가능하다고 생각하는 분야에서 가능성을 보는 능력, 이것이야말로 성공의 문을 열어주는 또 하나의 열쇠이다.

성공할 수밖에 없는 이유에 초점을 맞춰라

50여 년 전 어느 날, 한 발명가가 어린 딸의 사진을 찍어주고 있었다. 그런데 어린 딸이 "사진을 보려면 왜 한참이나 기다려야 되죠?"라고 불쑥 묻는 것이 아닌가.

이 순진한 질문에 에드윈 랜드는 새롭게 눈을 뜨는 듯한 기분이었다. 랜드의 과학자 친구들은 그의 새로운 꿈을 알고 한결같이 그런 것은 불가능한 꿈에 불과한 것이라며 쓸데없이 시간과 돈을 낭비하지 말라고 나무랐다.

그러나 랜드의 꿈은 마침내 이루어졌다. 1948년 11월, 60초만에 현상되는 최초의 폴라로이드 카메라가 보스턴에서 판매되기 시작했을 때 소비자들은 새로운 발명품을 찾아서 가게마다 장사진을 이루었다.

생각해보라. 당신이 엉뚱한 발상을 떠올릴 때면 얼마나 많은 사람들이 쓸데없는 공상이라며 타박을 주었던가. 거꾸로 당신은 불가능한 일이라 생각했던 것이 나중에 다른 사람의 손에 의해서 실현된 경우는 없었는가?

'합리적인 판단'이라는 잣대로, 때로는 자신감의 부족으로 우리는 과감히 꿈을 접어버린다. 그리고 그 꿈이 결코 실현될 수 없을 것이라는 섣부른 판단으로 우리 자신을 위로한다.

그리고 이 문제는 자아상과 밀접한 관계를 갖는다. 자아상이 원대할수록 우리는 가능성의 범위를 더욱 확대해서 볼 수 있으며, 따라서 약간의 위험이 따르더라도 그 가능성을 찾아서 행동에 옮기려는 적극성을 갖게 된다.

또한 계획은 계획일 뿐이다. 계획은 처음부터 실현될 수 있을 것이라고 누구도 장담할 수 없듯이, 절대로 실현 불가능한 것이라고 누구도 장담할 수 없다.

다만 그 계획을 실천에 옮겼을 때 성패를 좌우하는 것은 그 계획에 투자되는 에너지의 양과 질이다.

이때 진정한 의욕과 에너지가 투자된다면 그 계획은 십중팔구 구체화되면서 이 세상에 새로운 제품이나 서비스로 태어날 수 있다. 긍정적이고 건전한 자아상을 가진 사람은 에너지를 끊임없이 생산해내는 발전소에 비교될 수 있다.

이런 사람들은 잠재의식이라는 무한한 보고에 쉽게 접근해서 결국 '개가 좋아하는 사료'를 만들어낼 수 있게 된다.

부정적 생각의 한계

계획을 과감히 실천에 옮기지 못하고 머뭇거리는 사람들의 치명적인 결점은 '만에 하나 닥칠지도 모를 장애물'까지 온갖 문제점을 하나하나 확인하려는 데 있다.

하지만 그런 장애물들을 거뜬히 극복해낼 수 있는 방법이 있다는 사실은 애써 외면하려 든다. 이들은 하나의 문제라도 일단 눈앞에 보이게 되면 전전긍긍하면서 쓸데없는 고민에 빠져드는 사람들이다.

이제부터라도 늦지 않았으니 세상을 다르게 보자. 당신의 성공을 가로막을 장애물을 생각해내는 데 소중한 시간을 허비하지 말고, 당신이 성공할 수밖에 없는 이유들에 초점을 맞추어라. 이때 실패의 가능성과 성공의 가능성을 신중하게 따져보아야 함은 물론이다.

대부분의 경우 열 가지 긍정적인 이유가 하나의 부정적인 이유를 이겨내지 못한다. 긍정적인 이유가 훨씬 많은데도, 약간의 부정적인 이유 때문에 대부분의 사람들이 시도 그 자체를 포기해버린다.

그것은 바로 우리의 잠재의식이 부정적으로 프로그램되어 있기 때문이다. 인력의 법칙에 따라서 그 부정적인 프로그램이 우리의 잠재의식을 온통 장애물에 대한 생각으로 채워버리기 때문이다.

따라서 부정적인 생각에 초점을 맞춤으로써 판단력이 흐려지고 실천에 옮기려는 의지는 꺾여버리고 만다.

물론 충분한 조사를 통해 제안된 계획이나 일자리, 거래 등에 대해서는 미리 전반적인 내용을 알아두는 것도 무척이나 중요하다.

그러나 평가할 수 없는 것은 언제나 있는 법이다. 아무리 자세하고 세밀하게 분석된 자료라도 미래를 완벽하게 그려낼 수는 없다. 따라서 기업체의 사전 연구는 그들의 독창적인 아이디어를 확인해주는 정도이다. 이것은 개인의 경우에도 마찬가지이다.

요컨대 현실세계에서 수집한 자료가 직관을 대신할 수는 없다. 우리는 직관의 힘을 빌려 현실을 해석하고 그 자료를 바탕으로 결론을 이끌어내는 방법을 배워야만 한다.

대부분의 경우 열 가지 긍정적인 이유가
하나의 부정적인 이유를 이겨내지 못한다.

긍정적인 이유가 훨씬 많은데도,
약간의 부정적인 이유 때문에
대부분의 사람들이 시도 그 자체를 포기해버린다.

'제2의 천성'
직관을 믿어라

당신의 직관, 즉 육감을 신뢰할 수 있는 수준까지 계발시키는 것이 곧 성공의 주춧돌이 된다. 직관이 '제2의 천성'으로 계발될 때 당신은 직관의 힘을 빌려 좀 더 신속하고 좀 더 신뢰할 수 있는 결정을 내릴 수 있다.

어떤 계획이 직감적으로 떠오르면 직관은 당신에게 '느낌이 좋다'고 알려주며 당신을 흥분시킨다. 그러나 당신에게 어떤 의욕도 주지 않는 계획이라면 미련없이 폐기시켜버리고, 당신에게 짜릿한 흥분감을 안겨주는 다른 계획을 찾아나서는 것이 최선의 방법이다.

자, 이제는 직관을 올바른 안내자이자 정보원으로 인정하도록 당신의 지적 세계를 재교육시켜야 할 시간이다. 부디 내면으로부터 들려오는 직관의 목소리를 들을 수 있도록 당신의 지적 세계를 훈련시켜라. 당신의 지적 세계는 엄격한 훈련으로 새롭게 다듬어질 수 있다.

이렇게 될 때 당신은 직관에게 그 방향을 묻고 응답을 받는 수준에까지 이르게 될 것이다.

"의사결정을 해야 할 시점을 어떻게 판단할 수 있을까?", "상황을 충분히 점검했는지, 의사결정에 필요한 자료들을 충분히 살펴보았는지 어떻게 판단할 수 있을까?" 등등의 물음들이 잇따를 것이다.

그런 후에 다음과 같은 말들을 되풀이함으로써 프로그램시킨 당신의 잠재의식이 주는 응답에 따르는 것이다.

"올바른 대답을 어렵지 않게 찾아낼 수 있을 거야!"

"내면의 안내자가 나에게 올바른 대답을 안겨줄 거야!"

"내면에 잠재된 힘 덕분에 나는 언제나 올바른 결정을 내릴 수 있어!"

이 중에서 당신에게 가장 적합한 문장을 선택하여 당신의 잠재의식을 긍정적으로 프로그램시키도록 하라. 이러한 확신으로 잠재의식을 프로그램시킬 때, 당신은 직관의 지혜를 자연스레 불러낼 수 있을 것이다.

내면의 목소리에 귀 기울이다

삭티 거웨인은 『빛에서 살리라』에서 직관을 신뢰할 만한 수준까지 계발시킬 수 있는 간단한 방법을 소개해주었다.

직관을 믿는다는 것은 대체 무슨 뜻일까? 이것은 언제 어떤 상황에서나 순간적으로 어떤 사건과 사물에 대한 '본능적인 감정'에 따라서 그대로 행동하는 것을 뜻한다.

때때로 이 본능적인 메시지는 원래의 계획과 모순되는 뜻밖의 조치를 취하라고 당신에게 명령할 수도 있으며, 너무도 비논리적이라 생각되는 예감을 당신에게 믿으라고 강요할 수도 있다.

또 때로는 당신이 평소보다 감정에 휩쓸리는 듯한 느낌을 지울 수 없을 것이며, 평소의 신념에서 벗어나는 생각이나 느낌을 서슴없이 겉으로 드러낼 수도 있다. 직관은 꿈과 환상을 좇으면서 약간의 경제적 위험을 무릅쓰더라도 당신에게 중요한 것이라고 느껴지는 일을 과감하게 시도하게 하기도 한다. …… 그렇다면 어떻게 직관력을 계발할 수 있을까? 직관은 예술작품에서도 발견된다.

예술의 모든 분야가 그렇듯이 직관도 완벽한 수준에 이르기 위해서는 꾸준한 연습이 필요하다. 당신의 직관은 언제나 100퍼센트 옳지만, 그 목소리를 똑바로 듣기 위해서는 적지 않은 훈련을 쌓아야 한다.

자신의 내면에서 들려오는 많은 목소리들 중에서 직관의 목소리를 명확히 구분해내기란 무척이나 어렵다. 내면에서 들려오는 소리에는 직관의 목소리만이 아니라 의식세계의 목소리, 낡은 프로그램과 믿음이 쏟아내는 목소리, 다른 사람들의 생각, 두려움과 의혹, 합리성을 내세운 판단, 보수적인 생각 따위가 마구 뒤섞여 있기 때문이다.

불행히도 이렇게 온갖 것들이 뒤섞인 소리에서 직관의 목소리나 느낌을 정확하게 구분해낼 확실한 방법은 없다. 다만, 다음의 방법들을 시도해보는 것이 최선이다.

첫째, 내면의 느낌에 온 신경을 집중하는 것이다. 달리 말하면 당신의 내면에서 진행되는 직관과 다른 목소리들 간의 대화에 귀를 기울이는 것이다.

예를 들어 설명해보자.

'짐에게 전화를 하고 싶다는 느낌이 들었지만, 곧바로 '이 시간에 짐에게 전화를 해야 할 이유가 뭐지? 이 시간에

짐이 집에 있을 리가 없잖아'라고 방해하는 목소리가 내
면으로부터 들려온다.

이렇게 방해하는 목소리를 듣게 되면 당신은 자연스레 첫
번째 충동을 무시해버린다.

그런데 당신이 짐에게 전화를 했다면 어떻게 되었을까?
때마침 짐이 집에 있었고 아주 중요한 소식을 당신에게
전해주었다면 어떻게 되었을까?

직관과 다른 목소리들이 뒤엉킨 대화에 혼돈스러워하며
욕망을 억제하고 의기소침해서는 안 된다. 부디 객관적
관찰자의 위치에 머물도록 애써라. 그리고 직관이 전해주
는 느낌대로 행동할 때 어떤 일이 벌어지는지 주목해보
라. 온몸에 에너지와 힘이 충만해지고, 모든 일이 제대로
풀려갈 것이다.

반대로 욕망을 억제할 때, 의혹에 싸일 때, 결국 직관적
느낌과는 다른 방향으로 행동할 때 어떤 일이 벌어지는지
주목해보라.

틀림없이 기력이 떨어지고 무력감을 떨쳐버리기 힘들 것
이다. 심지어 심리적인 고통이나 육체적인 고통까지도 뒤
따를 수 있다.

직관과 동전 던지기

의사결정을 내릴 때 효과적으로 써봄직한 또 하나의 방법이 있다. 나는 '동전 던지기'를 즐겨 추천한다. 이것은 절대 농담이 아니다. 동전 던지기는 당신을 잠재의식과 만나게 해주는 훌륭한 통로이다.

예를 들어 동전의 앞면이 나오면 현재의 계획을 계속 추진하기로 결정하고 동전을 던져보자. 그리고 당신의 반응을 면밀히 관찰해보자.

앞면이 나왔다! 이때 당신이 은근히 실망스런 느낌이라면, 그것은 당신이 현재의 계획을 믿을 수 없어 지금이라도 중단하고 싶기 때문이다. 반대로 뒷면이 나올까 은근히 걱정된다면 그것은 당신이 현재의 계획을 계속 추진하고 싶기 때문이라고 생각해도 좋다.

요컨대 동전 던지기의 결과에 따른 당신의 기분에서 해답을 얻어야 한다. 동전 던지기 방법은 그 결과에 무작정 따르라는 것이 아니다. 그 결과에 따른 당신의 느낌을 살펴서 의사결정에 도움을 받자는 것이다. 말하자면 당신의 직관은 어떤 쪽을 원하고 있는지를 판단하는 데 도움을 받기 위한 수단일 뿐이다.

직관에 따라 사는 방법을 터득하게 될 때 당신은 차가운 머리로 의사결정을 하겠다고 나설 필요가 없다. 매순간 당신의 느낌대로 행동하고 모든 일이 자연스레 진행되도록 두어라.

이때 '정말 이런 식으로 내버려두어도 될까' 하고 은근히 걱정할 이유가 없다. 당신은 언제나 올바른 방향으로 인도받게 마련이며 모든 결정이 쉽고 자연스레 내려질 것이다.

그래도 의사결정을 내리는 데 어려움이 닥친다면 휴식 시간을 갖도록 하라. 휴식은 1분이 되어도 좋고 한 시간이 되어도 상관없다. 때로는 하루나 그 이상을 쉬어도 괜찮다.

자료를 검토하는 데 충분한 시간을 갖되, 대신 최종 시한을 두어라. 예를 들어 '오후 3시까지는 이사회에 내 결정을 알려주겠어'라고 다짐해라. 이렇게 최종 시한을 두면 직관에 따른 의사결정 과정이 활성화되기 때문이다.

문제해결을 도와주는 '수면'

동전 던지기 이외에 잠재의식과 만나게 해주는 전통적인 방법의 하나는 잠을 자면서 문젯거리를 생각하는 것이다.

"잠은 훌륭한 조언을 해주는 어머니이다."

이 격언처럼 우리는 수면중에 쉽게 잠재의식과 만날 수 있다. 때로는 저녁 내내 골치를 썩이던 문제들이 밤새 간단히 해결되면서, 밝은 아침 햇살을 맞을 때는 해결책이 분명하게 드러날 수도 있다.

절반의 성공, 절반의 실패

문제를 해결하는 또 하나의 방법은 문제해결에 유리한 점과 불리한 점을 빠짐없이 기록해보는 것이다. 이 방법은 우리가 문제를 해결하기 위한 당연한 절차처럼 여겨져서 오히려 간과하기 쉬운 대목이지만 이것은 실제로 커다란 효과를 가져다준다.

이때 유리한 점과 불리한 점이 현격한 차이를 보인다면 결정을 내리기가 쉽지만, 두 가치가 엇비슷하게 균형을 이룰 때라면 잠재의식의 힘을 빌리는 수밖에 없다.

물론 잠재의식은 언제나 올바른 답을 내려주지만 이렇게 유리한 점과 불리한 점이 완전히 균형을 이룬다면 그 계획은 언제라도 문제에 부딪힐 수 있다. 이러한 불안감에 따른 의혹은 당신의 열의나 믿음을 식혀버릴 수 있다.

어떤 계획에 당신이 절반의 믿음만을 갖는다면, 그 결과는 절반의 성공, 결국 절반의 실패를 가져올 것이다.

"올바른 대답을 어렵지 않게
찾아낼 수 있을 거야!"

"내면의 안내자가
나에게 올바른 대답을 안겨줄 거야!"

"내면에 잠재된 힘 덕분에
나는 언제나 올바른 결정을 내릴 수 있어!"

지금
당장 시작하라

성공을 이루기에 가장 이상적인 시기는 언제일까?

대부분의 사람들이 이상적인 때를 기다린다며 소중한 시간을 낭비하는 실수를 저지른다. 그러나 이것도 변명거리일 뿐이다.

성공을 위해 출발할 가장 이상적인 시기는 바로 오늘, 바로 지금이다. 당신이 성취하려는 목표에 접근할 계획표를 작성하고, 당신이 평소에 생각하고 있던 사람들에게 전화를 걸거나 편지를 쓰도록 하라. 그리고 이 모든 것을 내일로 미루지 말고 지금 당장 실행하라.

우리의 삶을 좀먹는 가장 큰 약점은 꾸물대는 습관이다. 시간이야말로 꿈의 실현에 있어서 가장 중요한 요소이다. 오늘 시작한다면 찬란한 성공을 보장해줄 아이디어가 1년 후에는 무용지물이 될 수도 있다. 지금 거는 한 통의 전화가 지금은 놀라운 결과를 안겨줄 수 있지만 1분을 꾸물댄 후 거는 전화는 아무 보람이 없을 수도 있다.

따라서 최선의 결정은 '지금 당장 하라'는 것이다.

성공한 사람들은 올바른 의사결정을 내리는 능력을 키워왔고 그 결정을 신속하게 행동으로 옮겼다. 물론 "서두르면 훌륭한 조언을 들을 수 없다"는 격언이 없는 건 아니지만, 굼벵이처럼 꾸물대면서 뒤로 미루는 습관은 성급한 결정보다 더욱 해로운 결과를 안겨줄 따름이다.

결정을
고수하라

성공한 사람들이 보여주는 또 하나의 공통된 특징은 일단 결정된 사안에 대해서는 어떤 상황에서도 그것을 번복하지 않는다는 점이다.

그들은 과거의 실패, 일시적인 곤경, 다른 사람들의 의견에도 흔들림없이 원래의 결정을 꿋꿋하게 밀고 나아간다. 이처럼 최종 결정을 줄기차게 고수함으로써 자신이 올바른 결정을 내렸다는 내면의 확신을 더욱 확실하게 다질 수 있다.

결정을 끊임없이 번복하는 사람들은 결코 성공하지 못한다. 당신이 망설이고 있다는 것은 이미 정신이 의혹에 지배당한 상태라는 반증이다. 당신의 생각에 따라 상황이 결정된다고 하지 않았던가. 의혹은 필연적으로 실패를 낳을 수밖에 없다.

최고의 결정 방법

성공을 원한다면 세 가지 조건을 반드시 관철시켜야 한다.

첫째, 분명한 결정을 내려라.

둘째, 결정을 내리면 즉시 실천에 옮겨라.

셋째, 결정을 끝까지 고수하라.

당신은 결정을 끝까지 고수할 수 있어야 한다. 그러나 그 결정을 포기해야 할 때도 역시 정확히 알고 있어야 한다.

이것은 얼핏 생각하면 모순되게 들릴 것이다. 그러나 두 가지 경우 모두에서 당신이 직관에 의지한다면, 당신에게 필요한 안내의 목소리가 당신에게 들려올 것이다.

우리가 알고 있는 가장 성공했다는 기업가들조차도 때로는 직관에 의존해서 의사결정을 내렸고, 그 결과로 전혀 예상하지 못하던 결실을 얻어냈다. 따라서 지나치게 융통성이 없어서는 안 된다.

성공의 열쇠는 고집스런 끈기와 융통성을 적절히 조화시키는 것에 있다.

결정을 끊임없이 번복하는 사람들은
결코 성공하지 못한다.

당신이 망설이고 있다는 것은
이미 정신이 의혹에 지배당한 상태라는 반증이다.

성급하게
포기하지 마라

대부분의 사람들이 실패하는 이유는 그들이 너무 성급하게 포기하기 때문이다. 그들은 한두 번의 실패에 좌절해서 성공을 포기해버린다.

그들 안의 자신감 부족과 자존심 때문에 그토록 성급하게 포기해버리고 마는 것이다.

그러나 샌더스는 달랐다. 그는 수십 번의 실패에도 좌절하지 않고 마침내 닭고기를 전 세계에 판매하는 놀라운 성공을 이룩해냈다.

또 세계적인 스포츠용품 회사인 헤드의 한 기술자는 마흔세 번째 실험에서야 드디어 금속제 스키 플레이트를 성공적으로 개발해냈다.

만일 그가 마흔두 번째 실험의 실패로 성공을 포기했다면 금속제 스키 플레이트의 발명가라는 위대한 명예는 다른 사람에게 넘어가고 말았을 것이다.

세상을 풍요롭게 만든 위대한 성공들은 한결같이 실패를 딛고 일어선 결실이다. 긍정적인 사람들은 거듭되는 실패에도 결코 좌절하지 않는다. 따라서 누구나 처음에는 실패하게 마련이고, 실패를 경험한 뒤에야 올바른 방향을 깨닫게 된다는 사실을 잊어서는 안 된다.

용기있는 영혼에 보내는 보상

성공하는 사람들은 삶의 과정을 논리적으로 해석하지 않는다. 그들은 약간 신비로운 현상을 인식하듯 삶의 과정을 해석하려 한다. 어쩌면 그들의 해석처럼 삶은 우리를 테스트하는 시험장일지도 모른다.

우리가 불굴의 인내심과 신념으로 장애물과 실패를 극복할 수 있다는 것을 보여줄 때, 삶은 저항의 무기를 버리고 우리의 비전과 강인한 의지에 매료된 듯 우리에게 명성과 성공을 안겨주는 것이다.

이 때문에 종종 커다란 실패를 겪은 뒤에는 성공이 뒤따른다. 마치 그처럼 지독한 시련을 이겨낸 용기있는 영혼에게 보상이라도 안겨주고 싶은 듯이 성공은 찾아온다.

성공한 사람들은 거의 예외없이 한 번 이상의 실패를 딛고 일어난 사람들이다. 그들은 어떠한 역경 앞에서도 포기하지 않았다. 그들은 오뚝이처럼 쓰러지면 다시 일어나서 줄기차게 꿈을 추구했던 사람들이었다.

과거의 실수에서
교훈을 얻어라

비록 똑같은 실수를 반복하는 것은 시간과 정력의 낭비이지만 한 번의 실수는 결코 부끄러운 일이 아니다. 실패한 이유를 철저히 분석하고 반성한다면 우리는 그것에서 성공하는 방법을 좀 더 분명하게 찾아낼 수 있기 때문이다. 우리가 이런 식으로 나아간다면 실패할 때마다 오히려 성공에 한 걸음씩 가깝게 다가서는 셈이다.

대부분의 사람들에게서 찾아보기 힘든 자질인 단호한 결심 역시 언제나 커다란 보상을 받는다. 그러나 결심을 맹목적인 옹고집과 혼돈해서는 안 된다. 상황에 신속하게 대처하는 것도 성공의 문을 열어주는 열쇠의 하나이기 때문이다.

당신의 직관을 믿고 과감하게 행동으로 옮겨라. 그리고 실수를 두려워하지 마라. 시행착오에서 새로운 교훈을 얻어라.

혼다의 회장인 혼다 쇼이치로는 실패와 성공의 관계를 다음과 같이 상징적으로 표현해주었다.

> 장밋빛으로 찬란하던 날들이 어둡고 우울하게 변하더라도 그리 놀랄 일이 아니다. 그것은 내가 찾고 있던 것이 조만간 발견될 것이라는 징조이다.
> 갑자기 강렬한 광채가 나타나서 희망의 불꽃을 밝혀주면서 지루하고 고달팠던 시절을 순식간에 잊게 해줄 것이다.

당신이 성공이라는 고지에 올라서고 나면, 과거의 실수와 실패들이 성공을 위해서 반드시 필요했던 것이라고 느껴질 것이다. 따라서 과거의 실패에 대해 조금도 후회할 필요가 없다.

실패를 당신에게 주어진 씁쓰레한 약이라고 생각하라. 성공은 과거의 실수와 실패에서 얻은 교훈과 깨달음의 결실이기 때문이다.

❖ 당신이 원하는 것을 간단한 문장으로 정리해서 잠재의식 속에
   분명하게 심어놓아라

당신이 간절히 원하는 것을 틈나는 대로 문장으로 써보라.
그리고 잠자리에 들기 직전에 그것을 암송하라.

이런 식으로 잠재의식을 프로그램시키면 잠재의식은 그 무
한한 힘을 증명하듯이 당신의 꿈을 실현시킬 수 있는 최적의
상황으로 당신을 안내해줄 것이다.

그리고 때로는 당신에게 뜻밖의 도움을 줄 수 있는 사람을
만나게 해줄 것이다.

❖ 다른 사람들이 어렵고 불가능하다고 생각하는 분야에서 성공
   의 가능성을 찾아라

험난한 고난의 길에서 기회를 찾아내라.

당신에게 어려운 상황이 닥칠 때마다 무엇인가를 새롭게 보고 배우고 있다고 생각한다면, 당신은 성공을 향한 길에서 누구보다 앞설 수 있을 것이다.

남들이 가지 않는 길에 성공과 부가 있는 법이다.

❖ 당신의 직관을 믿어라

직관의 목소리를 듣고 따르는 훈련에서 중요한 것은 정기적인 점검이다.

적어도 하루에 두 번씩은 그런 점검이 필요하다. 잠시 조용한 시간을 마련해서 긴장을 풀고 당신의 본능적인 감정에 귀를 기울여라. 필요하다면 직관에 당신을 인도해달라고 도움을 청하고 그 대답을 조용히 기다려라.

그러면 그 대답은 다양한 형태로 주어질 것이다. 당신의 내면에서 혹은 외부세계에서 언어나 형상이나 느낌으로 전해질 것이다. 그 순간을 포착해내라.

당신에게 약간의
재능이나 기술이 있다면
자신의 운명을 스스로 개척해가는
주인이 되어야 한다.

_조지 루카스(〈스타워즈〉 제작자 겸 영화감독)

5장

당신이 좋아하는
일을 하라

How to Think
Like a
Millionaire

가슴 뛰는 삶은
당신의 선택에 달렸다

"나도 창업하고 싶지만 자금을 조달할 능력이 없어."

"내 꿈은 배우가 되는 것이었지만 부모님이 나의 꿈을 제지했기 때문에 결국 나는 공무원이 될 수밖에 없었지."

"내 자신이 한심할 정도로 지겨운 일을 하고 있다고는 하지만 요즘처럼 사방에서 조직축소가 진행되고 실업률이 높은 사회에서 더 나은 직장을 구하겠다고 돌아다닐 수야 없지 않은가."

"나는 변호사가 되고 싶었지만 막상 변호사가 되려면 너무도 오랜 시간을 투자해야 한다."

이와 같은 푸념들을 우리는 어디에서나 들을 수 있다.

당신도 비슷한 생각을 하고 있는 것은 아닐까? 과연 자신의 일을 진정으로 즐기면서 일하는 사람이 몇 퍼센트나 될까?

불행히도 대부분의 사람들이 단지 먹고살기 위한 것이라는 이유로 좋아하지 않는 일을 하고 있다. 그들은 일을 고역이라 생각하면서도 그런 상황을 영원히 변화시킬 수는 없을 것이라고 믿어버린다. 달리 말하면 그들은 경제적 풍요에 대한 욕망을 억제하면서 평범하거나 가난하게 살도록 운명지워진 것이라 생각한다.

당신 역시 현재의 직업에 만족하지 못한다면, 이런 생각을 해보자.

"나는 지금 진정으로 원하는 일을 하고 있지 않아. 게다가 나는 내일이라도 죽을지 몰라. 그리고 나는 과연 이 정도의 가치밖에 지니지 못한 사람일까?"

똑같은 삶의 반복

대부분의 사람들은 하루하루를 어떻게 지내는가?

특별히 좋아하지도 않는 일에 8시간을 보내고, 다시 8시간을 잠자면서 보낸다. 그러고도 다시 8시간이 남는다.

이 8시간은 대부분 그날 하루 동안 쌓인 스트레스를 잊고 체력을 회복하는 데 보낸다.

이렇듯 불만스러운 삶은 아내와 자식, 친구들과의 관계에도 다시 영향을 미친다. 이것 역시 어쩔 수 없는 운명이라 생각하며 다람쥐가 쳇바퀴를 돌리듯이 똑같은 삶을 되풀이할 뿐이다.

또다시 찾아오는 월요일 아침이면 죽을맛이다. 내키지는 않지만 먹고살기 위해서 억지로 침대에서 기어나와 회사로 향한다. 아침이면 잠을 깨우는 알람소리가 마치 저주의 소리처럼 들린다. 이제부터 다시 금요일까지 지루하고 고통스런 닷새 동안을 견뎌내야만 하는 족쇄를 다시 채워야 한다.

마치 일주일 중 단 이틀을 위해서 사는 것처럼 느껴진다. 그러나 그 이틀도 마냥 즐거운 시간만은 아니다.

지난 닷새 동안의 긴장을 풀고 슈퍼마켓을 찾아 일주일분의 먹거리를 준비하면 토요일이 훌쩍 지나가고, 일요일에는 월요일 아침의 음울한 망령이 일찌감치 찾아와 우울하게 만든다. 이렇게 고통스런 삶을 참아내면서 그들은 세월을 죽인다.

가슴 뛰는 삶

그러나 힘을 내자. 이처럼 수동적이고 비관적인 삶은 얼마든지 새롭게 변할 수 있다. 그렇게 마음에도 없는 일을 당신에게 계속하라고 강요할 수 있는 존재란 아무것도 없다.

"나는 지금 진정으로 원하는
일을 하고 있지 않아.
게다가 나는 내일이라도 죽을지 몰라.
그리고 나는 과연 이 정도의
가치밖에 지니지 못한 사람일까?"

대부분의 사람들은 하루하루를 어떻게 지내는가?
특별히 좋아하지도 않는 일에 8시간을 보내고,
다시 8시간을 잠자면서 보낸다.
그러고도 다시 8시간이 남는다.

⋮

또다시 찾아오는 월요일 아침이면 죽을맛이다.

당신에게 흥미있는 일을 찾아라. 당신의 가슴을 마구 설레게 하는 그런 일을 찾아라. 당신의 열정을 충만하게 채워줄 그런 일은 반드시 어딘가에 존재한다. 당신도 그런 일을 한다면 남다른 성공을 거둘 수 있다. 지금 당장이라도 그런 일을 찾아나서라.

삶이 당신에게 끊임없이 좌절감을 안겨주면서 당신이 진정으로 원하는 것을 빼앗아간다고 생각하는가?

아니다, 그렇지 않다. 삶은 그처럼 잔인하지 않다. 당신이 생각만 바꾼다면 삶은 그처럼 잔인하지 않다. 삶이 당신을 그처럼 잔인하게 몰아붙일 이유가 어디에 있겠는가?

기억하라, 삶은 전적으로 당신의 선택에 따라 달라진다.

그렇다고 생각하면
정말 그렇게 된다

그럼에도 많은 사람들이 성공하지 못하고 힘겹게 살아가는 이유는 간단하다.

그들의 머릿속에서 상상하는 꿈을 성취하기가 불가능하다고 스스로 믿어버리기 때문이다. 또한 삶의 과정에서 겪은 경험들이 그러한 믿음을 더욱 고착화시키기 때문이다. 지루하고 실망스러운 삶, 곳곳에 장애물로 가득한 삶, 적은 수입이라도 그저 감지덕지해야 하는 삶······. 그들은 삶을 이렇게 생각하기 때문에 그렇게 살아갈 수밖에 없다.

앞서 말했듯이, 그렇다고 생각하면 정말 그렇게 된다.

이 원칙에는 한치의 오차도 없다.

우리는 어린 시절부터 개인적인 기호와 열망을 억제하는 것이 미덕이라 배웠다.

그러나 행복하고 충만한 삶을 살기 위해서는 다시 우리 본연의 모습을 되찾아야 한다. 우리가 진정으로 원하는 것을 찾아내고 그 성취를 위해서 용기있게 매진할 수 있어야 한다.

우리가 의혹과 두려움 때문에, 정상적인 삶의 방식이라는 원칙에서 벗어나지 않기 위해서 열망과 꿈을 억제하고 부인하며 살아야 할 이유가 무엇인가. 우리가 단지 먹고살기 위해서 몸에도 맞지 않는 옷을 입고 불만스럽게 살아야 할 그 어떤 이유도 없다.

개인의 욕망을 억제하라는 세상의 가르침은 잘못된 것이다. 우리의 꿈을 좌절시키는 그릇된 가르침이다.

슬럼프가 찾아왔을 때

삶에 즐거움을 주는 일을 하라, 이것이 성공의 제1 조건이다. 우리가 그 어떤 즐거움도 느낄 수 없는 일을 제대로 해낼 수는 없는 일이다.

절대적으로 당신의 삶에 즐거움을 주는 일을 하라. 이것은 성공을 위한 절대적인 원칙이다.

우리는 가슴에 와닿지 않는 일을 할 때 소위 슬럼프라는 것을 경험하게 된다. 이때는 특별한 이유도 없이 기운이 없고 의욕도 없다. 이러한 상태에서 뛰어난 성과를 기대하기란 도저히 불가능하다. 적어도 당신이 흥미를 갖고 적극적으로 일했을 때의 성과에는 훨씬 미치지 못할 것이다.

따라서 당신과 업무적으로 관계된 사람들, 즉 사장과 동료와 고객은 당신의 미흡한 성과에 당연히 불만을 품게 되고, 그야말로 끝없는 악순환이 시작되는 것이다.

당신이 현재의 업무에 만족감을 얻지 못하고 있다면 그 회사에서 승진하거나 높은 임금을 받을 가능성은 희박하다. 당신이 불만에 싸인 기업주라면 당신 기업이 번창할 가능성 역시 극히 희박하다. 당신은 혼자 일하는 것이 아니기 때문에 당신의 불만이 직원들의 사기까지 끌어내릴 것이기 때문이다.

한 예로, 금전적 보상을 생각해보자.

당신이 월등한 성과를 거두었는데도 금전적 보상을 거의 받지 못한다면 당신의 의욕이나 노동의 질은 곤두박질치게 될 수밖에 없다. 결국 모두가 두려워하는 악순환이 시작되는 것이다.

마크 맥코맥은 『하버드에서도 가르쳐주지 않는 것들』에서 이러한 점을 분명히 지적해주었다.

학습 곡선이 평행선을 달릴 때 지루함이 시작된다. 이러한 현상은 기업에서 지위에 상관없이 누구에게나 일어날 수 있다. 특히 도전정신과 자극이 절실하게 필요한 기업가들에게 이 현상은 두드러지게 보인다.

그러나 지루함을 느낀다는 것은 전적으로 당신 잘못이다. 그것은 당신이 업무에 흥미를 느낄 정도로 열심히 일하지 않고 있다는 증거이기 때문이다. 또한 지금 당신이 자신의 성격이나 기호에 어울리지 않는 일을 하고 있다는 증거이기도 하다.

그렇기 때문에 당신이 좋아하는 일을 찾아야만 한다. 그렇게 된다면 성공할 가능성은 훨씬 커진다.

당신의
일을 사랑하라

　성공을 위한 기본적인 조건으로 일단 당신이 하는 일을 사랑할 수 있어야 한다.

　물론 당신이 좋아하는 이상적인 일을 한다고 해서 그 일에서 실망과 좌절을 느끼지 않는다거나 어떤 문제에도 부딪히지 않는다는 보장은 없다.

　성공한 사람들도 역시 낙담과 좌절의 시기를 겪었고, 심지어 자신의 능력에 대한 의혹이 증폭되는 시기도 겪었다. 당신이 꿈꾸는 일이 당신에게 언제나 행복감을 안겨주는 낙원은 아니다.

　어쩌면 당신이 꿈꾸는 일은 진정한 사랑과도 같은 것이

다. 두 사람을 하나로 맺어주는 깊은 연대감으로 두 연인은 사랑을 방해하는 장애물과 곤경을 꿋꿋하게 이겨내고 만다.

당신이 꿈꾸는 일을, 반드시 얻고 싶은 사랑하는 연인이라고 생각해보라. 이렇게 생각한다면 어떠한 고난도 이겨내고야 말겠다는 의욕이 생겨날 것이다.

그래서 IBM의 창업자 토머스 왓슨은 "연인을 마음속에 간직하듯 진솔한 마음으로 일을 생각하고 그 일에 진심을 다해 열중하라"고 말했던 것이다.

성공하는 사람들은 열정, 그것도 가슴에서 우러나오는 열정으로 일한다.

이런 점에서 볼 때 그들은 낭만주의자들이다.

또한 이 원칙은 예술세계에서만이 아니라 비즈니스세계에서도 그대로 적용된다. 일에 대한 사랑으로, 새로운 것을 창조하겠다는 열정으로, 새로운 것에 기꺼이 달려드는 도전정신으로, 어떠한 위험에도 과감히 맞서겠다는 대담한 용기로, 그들은 꿈을 실천에 옮기며 성공을 일구어낸다.

또 그들은 가슴에 꿈을 품은 사람들이다. 그 꿈을 성취하기 위해서는 어떠한 일이라도 감당해내는 사람들이다.

성공에 대한 열정과 힘이
성공을 부른다

『열정을 갖고 일하라』에서 낸시 앤더슨은 열정을 이렇게 정의했다.

> 열정은 감정의 강렬한 자극이다.
> 그것은 어떤 사물, 사람, 이상, 믿음 등에 대해서 품게 되는 강렬한 느낌이다. 이러한 열정을 발산할 때 인간은 이 세상에 이로움을 안겨줄 수도 있지만 해악스런 결과를 안겨줄 수도 있다.
> 실제로 역사를 돌이켜보면 열정에 사로잡힌 사람들이 이 세상에 남겨놓은 무수한 흔적을 발견할 수 있다. 역사를

뒤바꾼 사랑 이야기와 중대한 사건은 한결같이 열정적인 사람들이 남겨놓은 부산물들이다. 한마디로 사회, 경제, 철학, 예술 등에서의 혁신적인 변화가 모두 그들에게서 시작되었다.

열정은 특정한 사람의 전유물이 아니다. 우리 모두가 그러한 열정, 즉 감정의 강렬한 자극을 가질 수 있다. 그러나 그 열정을 행동에 옮기는 사람은 극소수에 불과하다.

슬프게도 우리는 어린 시절부터 감정을 절제하라는 잘못된 교육에 시달렸기 때문에, 달리 말해서 뜨거운 열정을 적극적으로 지지받지 못했기 때문에 열정을 마지못해 억누르고 있다. 그러나 이제부터라도 가슴에서 느끼는 대로 제어하지 않고 느낄 수 있다면 어린 시절의 그 뜨거운 열정을 되찾을 수 있다.

또한 그 당시 당신을 알았던 사람들에게 "저 녀석, 나이가 먹어도 조금도 변하지 않았군" 하는 핀잔을 듣더라도 상관할 것이 없다. 그때의 열정을 되찾고, 그 열정에 따라 행동하도록 하라!

힘은 실천력, 즉 행동으로 옮기는 능력이다. 성인이 된 순간 당신이 결정한 것은 곧 당신이 선택한 것이 된다.

따라서 당신의 결정이나 선택에는 책임이 따른다. 그러니

신중하게 선택하라.

언제까지나 당신이 싫어하는 것을 마지못해 해야 할 이유가 없다. 당신이 진정으로 사랑하는 것만을 선택할 수 있어야 한다.

힘은 바로 그러한 선택에서 나온다. 이와 같은 선택에서 행동에 옮기고 싶은 열정이 시작된다.

그렇다면 당신 자신에게 이렇게 물어보자.

"만약 지금 나에게 1천만 달러가 있어도 현재의 일을 계속하겠는가?"

만일 당신이 "그렇다"고 대답할 수 있다면 더 이상 바랄 것이 없다. 그러나 이렇게 대답할 수 없다면 똑같은 질문에 "그렇다"고 대답할 수 있는 상황을 만들어가도록 노력하라. 그리고 그것을 당신의 목표로 삼아라.

행복과 성공에 이르는 길

당신을 이런 목표에 가까이 접근시켜줄 수 있는 몇 가지 원칙을 소개한다.

* 행복과 성공을 얻는 유일한 방법은 당신이 진정으로 좋

아하는 일을 하는 것이다. 그리고 누구에게나 자신의 이상에 꼭 맞는 직업이나 업무가 있는 법이다. 또한 똑같은 조건에서 당신이 누구보다 월등하게 해낼 수 있는 일이 있게 마련이다.

- 누구라도 자신이 좋아하는 일을 할 수 있다. 다만 그 일을 찾아내겠다는 에너지의 투자와 단호한 결심이 필요할 뿐이다.

- 당신은 어떠한 난관에 부딪히더라도 즐거운 일을 하면서 당신의 운명을 스스로 개척해 나아갈 수 있다. 요컨대 성공의 길에서 가장 커다란 장애물은 바로 당신 자신이다.

- 당신이 좋아하는 일을 하라!

  주변의 냉소에는 신경쓰지 마라. 사람들이 당신을 비난할지도 모른다는 두려움에서 비롯되는 정신적이고 감정적인 장애물들을 극복한다면 당신은 틀림없이 성공할 수 있을 것이다.

행복을 포기하고 있지는 않은가

하노버 보험회사의 윌리엄 오브라이언은 피터 센게와의 인터뷰에서 이렇게 말했다.

"일 이외의 것에서 개인적 행복을 찾겠다고 마음먹고 있다면 힘들게 일하고 있는 기나긴 그 업무 시간은, 당분간 행복을 잊고 지내겠다는 생각이 담겨 있는 것이다. 이런 생각은 우리가 좀 더 행복하고 완벽한 삶을 살아갈 수 있는 가능성을 스스로 포기하고 있는 것과 같다."

성공의 길에서 가장 커다란 장애물은
바로 당신 자신이다.

주변의 냉소에는 신경쓰지 마라.
사람들이 당신을 비난할지도 모른다는
두려움에서 비롯되는
정신적이고 감정적인 장애물들을 극복한다면
당신은 틀림없이 성공할 수 있을 것이다.

무조건 당신이 좋아하는 일을 하라!

자신의 분야에서
최고가 되어라

"돈을 일보다 앞세우는 회사에서는 절대 일하지 않겠다고 굳게 결심했다."

헨리 포드가 자서전에서 한 말이다.

포드는 '진실한 기업을 떠받쳐주는 유일한 토대는 서비스'라고 생각했다. 성공은 서비스에서 시작된다. 그리고 서비스의 성공은 '최선을 다하겠다는 마음가짐, 또한 그 분야에서 최고가 되겠다는 마음가짐'에서 시작된다.

또한 성공한 사람들을 면밀히 살펴보면 또 하나의 공통점이 발견된다. 그것은 어떤 일이라도 잘 해내겠다는 욕망과 다른 사람에게 도움을 줄 수 있는 일을 해내겠다는 욕망을 실천에 옮기려는 의지이다.

성공은 서비스의 대가

눈여겨보아야 할 것은, 그들에게 이익을 남기겠다는 생각은 최우선 목표가 아니었음에도 이익을 우선시한 사람들보다 오히려 훨씬 많은 돈을 벌어들이고 있다는 점이다.

애플 컴퓨터의 창업자인 스티브 잡스 역시 "우리가 이런 일을 하는 것은 돈을 벌려는 목적이 아니다. 다른 사람들에게 더 나은 교육을 제공하려는 원대한 꿈 때문이다"라고 말했다.

결국 부는 우리가 제공하는 서비스의 대가로 얻어내는 보상이다. 우리가 최선의 서비스를 제공할 때에야 그에 합당한 보상을 기대할 수 있다.

따라서 주어진 시간 내에 해당 분야에서 최고가 되겠다는 의지로 우리의 잠재의식을 프로그램시키는 것보다 더 강력한 수단은 없다.

다른 사람을 위해서 일할 수 있다는 인간만의 재능, 즉 서비스에 헌신할 수 있을 때 그 재능은 우리에게 커다란 풍요를 안겨줄 것이다.

돈은 자연스레 뒤따라온다

오랜 시간을 투자해서 정규교육 과정을 착실히 밟아나갈 필요까지는 없지만, 당신이 선택한 분야에서는 전문가가 되어야 한다. 당신이 어떤 분야를 선택하든 이 원칙에는 변함이 없다.

이번 달에 출시된 컴퓨터가 다음 달에는 구형이 되는 요즘과 같은 세상에서, 당신 역시 결코 변화에 뒤처져서는 안 된다. 이것은 성공을 결정짓는 가장 핵심적인 요건의 하나이기도 하다. 또한 당신이 선택한 분야에서 전문가가 되어야 한다는 말이다.

성공을 위해서는 적어도 당신이 선택한 분야에 대해서 완벽한 지식을 지니고 있어야 한다. 왜냐하면 무지無知야말로 성공을 가로막는 가장 커다란 장애물 중의 하나이기 때문이다.

다른 사람들에게 제공하려는 서비스나 제품의 질을 먼저 생각하라. 이익추구는 그다음의 문제이다. 좋은 제품과 서비스가 제공된다면 돈은 자연스레 뒤따라온다.

"당신이 돈을 따라다니지 말고 돈이 당신을 따라다니게 하라"는 진리를 잊지 마라. 어떤 분야에서 최고인 사람이 양질의 서비스까지 제공하는데, 어찌 돈이 당신을 외면할 수 있겠는가.

내 안의
창의성을 꺼내라

　우리가 받는 정규교육이 성공을 보장해주는 충분조건은 아니다. 성공에는 정규교육 이외의 다른 요소들이 필요하다. 그것은 바로 번뜩이는 창의력이나 기발한 발상이다. 이것은 절대로 학교에서는 가르쳐줄 수 없는 것이며, 때로는 오히려 심하게 억누르기도 한다.

　실제로 학교에서는 '창의적인 교육'을 구호로 내세우지만 천편일률적인 사고과정을 가르칠 뿐이다. 또한 학생들에게 새로운 가능성과 독창적인 해결책을 모색해볼 여유조차 허락하지 않는다. 학교는 학생들의 창의성을 꽃피우지 못하는 곳이다.

　교육기관과 사회의 전반적 분위기는 개인의 열망을 떡잎 부터 끊어버린다. 이런 서글픈 과정은 우리가 아주 어렸을 적부터 시작된다.

또한 남들과 달라서는 안 된다는 두려움과 세상의 법칙에 순응해야 한다는 소극성이 어린 시절부터 잠재의식에 프로그램되면서 자신의 꿈과 이상과 열망을 억제하도록 만든다.

그러면서 우리는 자연스레 주변 사람들을 흉내 내게 된다. 특히 어렸을 때는 더욱 그렇다.

진정한 자아를 찾아서

주변 사람들 대다수가 아무런 꿈도 없이 그럭저럭 살아가고 경제적 곤경과 씨름하는 사람들이라면 어떻게 되겠는가?

우리 안에는 여전히 내면의 목소리가 살아있다. 그것은 수줍은 듯 조그만 목소리로 "네 주변의 모습들은 잘못된 것"이라고 우리에게 속삭인다. 그리고 우리가 진정으로 추구해야 할 모습이 억눌린 채 겉으로 드러나지 못하고 있다고 충고한다.

그런데 우리는 진실된 자아를 부정하고 열정을 억누르면서 창의적 생각을 거부하여 우리 삶 자체를 서글프게 만들어가고 있다. 우리는 이렇게 차츰 좌절과 슬픔에 얼룩진 삶을 넘어서, 때로는 죽음과도 같은 무력감으로 우리 삶을 이어갈 따름이다.

진정으로 성공하고 싶다면 우리는 지금과는 다른 사람이 되어야 한다. 이제 본연의 자신을 되찾고 진정한 자아를 내세울 수 있어야 한다.

이런 식으로 생각하자.

'나는 남들과는 다른 사람이다. 이 세상에 태어난 분명한 이유를 가진 사람이다. 어찌됐든 다른 사람이 나를 대신해줄 수는 없다.'

사실이다. 우리 모두가 자기만의 독특한 개성을 지닌 유일무이한 사람이다.

열망을 목표로 삼고,
그 목표를 가슴에 새겨라

"대체 내가 진정으로 원하는 것이 무엇일까? 나 자신조차 그
것을 알 수 없다."

주변에서 자주 들리는 푸념이다. 실제로 많은 사람들이 진
정으로 자기가 원하는 것이 무엇인지 제대로 모르고 있다. 이
때문에 그들은 실패를 거듭하면서 평범한 삶을 살아갈 수밖에
없는 것이다.

자신에게 좀 더 정직해보자. 과연 당신은 조금의 여유라도
갖고, 이 책에서 줄곧 제기했던 의문들에 대해서 한 번이라도
진지하게 생각해본 적이 있는가? 당신이 지금이라도 이 질문
들에 대한 해답을 찾는다면 당신을 혼돈으로 몰아넣었던 모든

문제를 단숨에 해결할 수 있을 것이다.

어쨌거나 많은 사람들이 삶에서 진정으로 원하는 것을 모르겠다고 하소연하는 것은, 결국 그들이 오랫동안 열망을 억누르고 내면의 자아를 무시했다는 증거이다. 다른 사람들의 기대치에 부응하고 색다른 삶을 살지 말라는 삶의 법칙에 순응함으로써, 그들은 스스로 진실된 자아를 상실하면서 절망의 씨앗을 뿌렸던 것이다.

분명한 사실은 자신의 삶에서 진정으로 원하는 것이 무엇인지 모르고 뚜렷한 목표가 없는 사람이 성공하기란 하늘에서 별을 따는 것만큼이나 어렵다는 것이다.

반대로 삶에서 원하는 것을 완벽하게 파악해서 수정처럼 맑은 목표를 세울 때 성공은 이미 쟁취한 것이나 마찬가지이다.

완벽한 열망

열망을 가져라. 그리고 그 열망을 구체적이고 뚜렷한 목표로 바꾸어라. 그렇게 한다면 당신의 성공은 이미 보장된 것이나 다름없다.

머뭇거림과 애매함, 모순됨이 없는 열망의 상태는 완벽한 열망의 모습으로, 실제로 이러한 열망을 갖는 사람은 무척이나 드물다.

그러나 불분명하고 혼란스러운 꿈은 잠재의식마저 혼돈으로 몰아넣는다. 꿈이 불분명한데 그 결과가 뚜렷하기를 어찌 바랄 수 있겠는가.

당신의 내면에서 혁명적인 변화가 일어나야 한다. 꿈과 열망에 뚜렷한 형체를 줄 수 있어야 한다. 꿈과 열망을 분명하고 정확하게 조각해낼 수 있어야 한다. 자기 내면의 이러한 변화를 과소평가해서는 안 된다.

당신이 원하는 것을 확실하게 말할 수 있을 때까지 당신은 그 어떤 것도 얻지 못할 것이다.

이미 성공한 사람들에게 그들의 꿈이 무엇이냐고 물어보라. 그들은 자신의 꿈과 목표를 누구보다 뚜렷하고 분명하게 대답해줄 것이다. 또 그들은 무엇인가를 선택할 때마다 직관에 의존했다. 다른 사람들은 비과학적인 것이라고 비난하는 직관에 그들은 조금도 의심을 품지 않았다.

목표의식의 힘

요컨대 성공의 문을 확실하게 열어주는 열쇠 중의 하나는 '당신이 되고 싶은 것', '당신이 하고 싶은 것', '당신이 갖고 싶은 것'에 대해 정확히 아는 것이다.

"목표와 꿈에는 그 성취를 위한 씨앗과 메커니즘이 내재되어 있게 마련이다."

디팩 초프라의 말이다.

그는 『성공을 잡는 일곱 가지 마음의 법칙』에서 목표와 꿈에 대해서 자세히 설명해주며, 오랫동안 충만감을 안겨주는 진정한 성공을 보장해줄 또 하나의 중요한 요소를 덧붙인다.

그것은 바로 초연함이다.

> 목표는 순수한 가능성을 마찰없이 원활하게 흘러가게 만드는 원동력이며 또한 자기 안에 감추어진 것을 겉으로 드러내는 힘이다.
>
> 또 목표는 욕망 뒤에 감추어진 진실된 힘이다. 목표의식은 결과에 연연하지 않는 순수한 욕망이기 때문에 목표의식 그 자체만으로도 커다란 위력을 갖는다. 그러나 대부분의 사람들에게 욕망은 애착을 가진 목표이기 때문에 욕망만으로는 무엇인가를 성취하기에 부족하다.
>
> 그리고 결과에 연연하지 않는 초연한 목표는 현재의 순간을 객관적으로 깨닫게 해준다. 이러한 깨달음으로 행동을 취할 때 우리는 최상의 결과를 이끌어낼 수 있다.
>
> 따라서 목표는 미래를 향한 것이지만 현재에 대해서도 관심의 눈길을 늦추어서는 안 된다.

우리가 현재에 대해 관심의 눈길을 늦추지 않는다면 미래를 향한 목표도 선명하게 드러나게 된다. 왜냐하면 미래는 현재에서 창조되는 것이기 때문이다.

현재를 정직하게 인정하면서 미래를 목표로 삼아라. 결과에 연연하지 않는 초연한 목표가 있다면, 당신은 언제라도 찬란한 미래를 창조해낼 수 있다.

단순한 소망을 넘어 수정처럼 명명백백한 열망을 가져라.

또한 그 열망을 목표로 승화시켜라.

무엇인가를 해내겠다는 목표를 가질 때 90퍼센트의 장애물이 저절로 사라질 것이다. 그리고 남은 10퍼센트의 장애물을 이겨내기도 어렵지 않을 것이다. 이것이 바로 목표의식이 갖는 힘이다.

이제 당신도 '무엇인가를 해내겠다는 뚜렷한 목표가 있지만 그 결과에 대해서는 연연하지 않겠다'는 마음가짐을 가져라. 이것은 성공을 확실하게 보장해주는 절대적인 원칙이다.

성공의 문을
확실하게 열어주는 열쇠 중의 하나는
'당신이 되고 싶은 것',
'당신이 하고 싶은 것',
'당신이 갖고 싶은 것'에 대해
정확히 아는 것이다.

무엇인가 해내겠다는 목표를 가질 때
90퍼센트의 장애물이 저절로 사라질 것이다.
그리고 남은 10퍼센트의 장애물을
이겨내기도 어렵지 않을 것이다.

이것이 바로
목표의식이 갖는 힘이다.

열정적이고 정력적으로 일하기 위해서, 그 일에서 최상의 결과를 이끌어내기 위해서는 다음과 같은 다섯 가지 조건을 완벽하게 갖출 수 있어야 한다.

❖ 현재의 삶을 정직하게 분석하고 당신이 미래에 꿈꾸는 삶을 분명하게 그려보라

지금 당신이 마음에도 없는 일을 하고 있다면, 진정으로 좋아하는 일을 하지 못하는 이유들이 무엇인지 찾아내어 그 목록을 만들어보라.

또 목록에 쓴 이유들을 하나씩 점검해보고 그 타당성을 생각해보라. 그 이유들은 진정으로 극복하기 힘든 성질의 것인가?

이제 당신이 이 책에서 알려주는 원칙을 올바로 이해했다면 어떠한 장애물도 극복될 수 있는 것이며 때로는 기회로 발전

될 수 있다는 사실에 동의할 것이다.

모든 것은 당신의 생각에 달려 있다. 거듭 말하지만, 그렇다고 생각하면 정말 그렇게 된다.

❖ 엄청난 돈과 여유로운 시간이 있어도 현재의 일을 계속하겠는지 자신에게 물어보라

"만약에 자신에게 엄청난 돈과 여유로운 시간이 있다면 무엇을 하겠는가?"

만일 그래도 현재의 일을 계속하겠다면, 당신은 올바른 길을 걷고 있는 셈이다. 그것은 바로 당신이 하고 있는 일에 열정을 품고 있다는 증거이기 때문이다.

그러나 다른 일을 하겠다고 대답한다면 다시 자신에게 물어보자.

"어떻게 하면 내가 원하는 일을 할 수 있을까? 어떻게 하면 내가 진정으로 원하는 삶을 살 수 있을까?"

❖ 자주 내면의 대화에 귀 기울여라. 그러면 삶은 당신이 생각하는 대로 만들어져 간다

당신이 원하는 삶을 소설로 써보라. 최대한 솔직하게 써보라. 당신의 인생에 더 멋진 드라마를 만들고 싶은가? 그렇다면 그것의 성공 여부는 전적으로 당신 책임이다.

❖ 긴장을 푼 편안한 상태에서 다음과 같은 자기 확신, 즉 성공의 공식을 당신의 잠재의식에 심어주어라

"나는 세상에서 유일한 사람이다. 나에게도 세상을 위해 기여할 능력이 있다."

"나는 내 자신의 모습을 만들어갈 권리와 의무를 동시에 갖는다."

"나는 성공의 길을 달리고 있다. 성공과 번영을 내 삶으로 끌어들이고 있는 중이다."

"내가 세상을 위해 봉사할 기회를 마련해줄 사람들이 나를 찾아오고, 그런 상황이 만들어지고 있다."

"날마다, 모든 면에서, 나는 점점 더 좋아지고 있다."

❖ 당신의 잠재의식에 도움을 청하라

매일 밤 당신이 완벽한 성공에 이를 수 있는 방법, 당신이 원하는 만큼의 돈을 벌 수 있는 방법, 당신이 인류와 이 땅을 위해서 봉사할 수 있는 방법을 찾아낼 수 있도록 당신의 잠재의식에 도움을 청하라.

그리고 그 해답이 당신의 내면에 있으며 당신이 원하는 것을 이미 얻었다고 생각하면서 잠자리에 들도록 하라. 당신이 잠재의식을 올바른 방향으로 끌고 간다면, 잠재의식의 무한한 힘은 당신에게 원하는 것을 틀림없이 안겨줄 것이다.

* ✦ *

나는 돈을 벌겠다고 결심했다.
그 이후로 나는
무엇인가를 끝내기 전에는
한 걸음도 뒤로 물러서지 않았다.

_윌리엄 파월 리어(리어제트 창업자)

6장

목표가
확실해야 성공한다

How to Think
Like a
Millionaire

가장 단순한 계획도
필요하다

이제 당신은 성공하고 싶은 분야를 찾아내고 성공하겠다는 열정을 회복했는가? 그렇다면 당신은 이제 계획을 실행으로 옮기는 데 전력을 기울여야 한다. 때로는 가장 단순한 계획이 최고의 효과를 발휘한다.

톰 피터스와 로버트 워터맨은 『초우량 기업의 조건』에서 단순함의 패러독스를 이렇게 설명해주었다.

> MBA의 졸업생으로 대표되는 오늘날의 매니저들은 이익을 찾아서 지나치게 약삭빠른 경향을 보인다. 예정된 가치 방정식에 따라 최근의 성과를 기준으로 쉴 새 없이 방

향을 전환하고, 온갖 변수를 어렵지 않게 대입해서 결론을 도출하며, 복잡한 인센티브 시스템을 고안해내고, 입력과 출력의 관계를 설명하는 매트릭스 구조를 산출해내는 사람들이다.

또한 생산촉진개발을 위해 필요한 200쪽의 전략기획서와 500쪽의 두툼한 시장분석서를 작성하는 사람들이기도 하다.

그러나 우리의 '우둔한' 친구들은 다르다. 그들은 소비자들에게 개별화된 서비스를 제공할 수 없는 이유를 정확히 모른다. 심지어 감자칩을 먹는 소비자들에 대한 분석도 확실한 것이 없다. 대신 그들은 맥주맛이 시어질 때 혼자서 분개할 줄 아는 사람들이다. 그들은 신제품이 정상적인 경로로 유통될 수 없는 이유, 노동자가 보름마다 새로운 제안을 제시할 수 없는 이유에 대해서도 정확히 모르는 사람들이다. 그들은 아주 우직한 사람이며 심지어 매우 단순한 사람들이다.

이렇듯 단순함이란 단어에는 부정적인 의미가 내포되어 있지만, 재미있는 것은 우수한 기업을 운영하는 기업가들은 약간 단순한 사람들이라는 것이다.

우리가 원하는 만큼의 돈을 벌 수 있다고 믿고 꿈이 이루어질 것이라 확신하며 부정적인 사람들을 멀리하기 위해서는 우직함과 단순함을 적절히 조화시킬 수 있어야 한다.

지나치게 합리적이고 지적인 사람들은 성공할 수야 있지만, 합리적인 지성이 원대한 꿈을 어떤 식으로든 억제하기 때문에 그들의 성공에는 한계가 있을 수밖에 없다.

분명하고 구체적인
목표를 세워라

성공하지 못하는 사람에게는 분명한 목표가 없다. 설령 목표가 있다 하더라도 한결같이 낮은 수준의 것이다. 그들은 실패를 피할 수 없으며, 성공하더라도 그 성공이란 보잘것없는 것이기 쉽다.

심지어 잠재의식에 심어준 부정적인 생각 때문에 아무런 목표 없이 무작정 살아가는 사람들도 있다.

성공한 사람들은 다르다. 그들은 분명한 목표를 세우고 목표에 접근하기 위한 시간표까지 작성해서 꿈을 성취하기 위한 도전을 시작한다. 물론 이런 원칙에서 예외적으로 벗어난 사람들도 있지만 현재로서는 다른 방법을 생각하지 말기로 하자.

분명한 목표를 세워라. 또한 보다 구체적인 수입액까지도 정확히 기록하고 성공을 향해 나아가는 시간표까지 작성하라. 이렇게 해보면 성공하는 사람과 그렇지 못한 사람의 뚜렷한 차이를 발견할 수 있을 것이다.

"그렇다고 생각하면 정말 그렇게 된다"는 격언처럼, 성공은 당신이 성취하겠다고 계획을 세운 만큼만 정확히 성취된다는 사실을 명심하라.

잠재의식에 새겨진 목표

비즈니스 관련 책에서 종종 회자되는 이야기가 하나 있다.

매달 2만 5천 달러 이상의 매출을 한 번도 올리지 못한 영업사원에 대한 이야기이다. 그런 그에게 평균 매출이 2만 5천 달러를 밑도는 지역이 할당되자, 그는 그 액수의 매출을 올리겠다고 목표를 세웠고, 결국 목표를 이루어내고야 말았다. 그 지역의 실정을 감안할 때 그것은 참으로 대단한 성과였다.

그의 영업력을 높이 평가한 경영진은 그를 다른 지역으로 전근시켰다. 평범한 영업직원들도 어렵지 않게 2만 5천 달러 이상의 매출을 올리는 지역이었다. 그런데 그는 2만 5천 달러의 매출을 넘어서지 못했다.

왜 그랬을까? 그것은 그가 마음속에 품고 있던 목표와 자아상 때문이었다. 그는 자신이 한 달에 2만 5천 달러 이상의 매출을 올릴 수 있을 것이라 생각하지 못했고, 따라서 그의 잠재의식이 그렇게 프로그램되어 버린 탓이었다.

이 이야기는 잠재의식의 힘을 보여주는 좋은 사례인 반면에, 잠재의식에 프로그램된 목표는 어떤 식으로든 성취된다는 사실을 증명해준 사례이기도 하다.

일을 적게 하면서 더 많은 결실을 얻는 방법

당신도 목표와 직접적으로 관련된 비슷한 경험을 해본 적이 있는가?

애매하고 불분명한 목표는 애매한 결과를 낳을 뿐이다. 목표가 없는 사람은 어떠한 결실도 맺을 수 없다. 반면에 분명한 목표를 가진 사람은 분명한 행동 계획을 세울 수 있어 그만큼 목표를 성취하기가 쉬워진다.

그 이유가 무엇일까? 대답은 잠재의식에 있다.

분명한 목표가 잠재의식을 가장 간단하고 가장 효율적으로 프로그램시켜주기 때문이다. 잠재의식만 이렇게 프로그램되어 있다면 그 목표를 성취하기 위해 밤잠까지 설치면서 일할 필요가 없다.

오히려 여유로운 삶을 즐기면서 일할 수도 있다. 과거에는 성공이 장시간의 고된 노동에서 주어지는 것이라 생각했지만 이제는 달라졌다.

당신이 목표를 성취할 수 있다고 확신하고 부정적인 생각들을 몰아낸다면, 즉 당신이 설정한 목표에 맞추어 자신을 프로그램시킨다면, 적은 노동으로도 원하는 결과를 얻어낼 수 있다. 일을 적게 하면서 더 많은 결실을 얻어낼 수 있는 것이다. 이것은 많은 사람들이 증명해준 진리이다.

헛된 망상에서 합당한 열망으로

열심히 일하면서 성공을 꿈꾸는 사람들 중에도 분명한 목표를 가슴에 새기지 못하고 있는 사람들이 적지 않다.

실제로 많은 사람들이 약간 나아진 삶에 만족하면서 그 이상의 개선이나 성공, 다시 말해서 그들이 이상적인 삶이라 꿈꾸던 목표를 향해서 나아가려는 뚜렷한 그림을 그리려 하지 않는다.

"당신의 내년 목표는 무엇인가?", "돈은 얼마나 벌고 싶은가?", "5만 달러? 10만 달러? 50만 달러? 100만 달러?"

당신이 현재의 삶을 혁신적으로 바꿔보고 싶다면 —이것은 헛된 망상이 아니라 합당한 열망이다— 당신 스스로 어떤 목표를 세워야 하는지 생각해보라.

"그렇다고 생각하면
정말 그렇게 된다"는 격언처럼,
성공은 당신이 성취하겠다고
계획을 세운 만큼만 정확히 성취된다.

"당신의 내년 목표는 무엇인가?"
"돈은 얼마나 벌고 싶은가?"

"5만 달러? 10만 달러? 50만 달러? 100만 달러?"
당신이 현재의 삶을 혁신적으로 바꿔보고 싶다면
— 이것은 헛된 망상이 아니라 합당한 열망이다 —
당신 스스로 어떤 목표를 세워야 하는지 생각해보라.

지금보다 윤택한 삶을 원한다면 당장 분명한 목표를 세워라. 그 목표를 성취하기 위해서 시간과 에너지를 얼마라도 투자하겠다고 결심하라.

당신이 승진이나 멋진 직업을 꿈꾸면서도 분명한 목표를 갖고 있지 못하다면, 당신이 기대하는 기적은 결코 일어나지 않을 것이다.

반복해서 말하지만, 당신의 몸값은 당신이 생각하는 액수에서 한 푼의 차이가 없다. 이러한 주장이 믿기지 않을지도 모르겠다. 그러나 이것은 성공한 사람들이 한결같이 동의하는 주장이다.

자, 오늘이라도 분명한 목표를 세우고 그 성취를 향해서 한 걸음씩 자신있게 내딛어라. 그리고 한 걸음씩 내딛을 때마다 목표에 초점을 맞추어 당신의 잠재의식에 확신을 심어주도록 하라.

이렇게 한다면 당신은 틀림없이 성공이라는 열매의 결실을 거둘 수 있을 것이다.

자신을
과소평가하지 마라

당신은 자신의 몸값을 얼마라고 생각하는가?

대부분의 사람들이 자신의 가치를 의외로 낮게 평가한다. 이것도 분명히 성공을 가로막는 정신적 장애이다.

"그렇다고 생각하면 정말 그렇게 된다"는 말처럼, 당신의 가치는 스스로 생각하는 수준에 머물 수밖에 없다. 이것은 한치의 오차도 없다.

심지어 자신감에 넘쳐 보이는 사람조차 자신의 가치를 과소평가하는 세상이다. 진정으로 자신을 대단히 가치있는 사람이라고 생각하는 사람은 극소수에 불과하다.

대부분의 사람들이 약간의 콤플렉스를 가지고 있으며, 이 때문에 성공의 문턱에서 좌절하고 다른 사람의 존경도 받지 못할 뿐더러 많은 돈을 벌지 못하는 것이다. 당신의 가치를 높이는 최선의 방법은 자긍심을 키우는 것이다.

또한 근본적인 변화를 모색할 수 있는 방법에 대해서는 앞에서 이미 언급했지만, 좀 더 구체적인 방법을 소개해보겠다.

우선 당신의 몸값을 올리는 최선의 방법은 돈에 대한 목표를 구체적으로 세우는 것이다.

돈에 대한 명확한 목표

돈에 대한 구체적인 목표를 세우려고 할 때 누구나 처음에는 망설이게 마련이다. 더구나 이러한 망설임에 의혹까지 더해지면서 당신의 원대한 꿈을 축소시키게 된다.

따라서 첫 목표는 현실적으로 잡아라. 일단 그 목표를 성취한다면 더 큰 목표를 세울 수 있지 않겠는가.

다시 말해서 첫 목표가 꼬리를 물고 끝없이 확대되도록 만들어가라. 처음부터 목표를 분명히 한다면 그 목표를 달성했을 때 당신은 놀라운 결과를 만끽할 수 있을 것이다. 언제나 목표 이상으로 성취하는 즐거움을 맛보게 될 것이다.

그리고 목표의 성취를 위해서 과감히 도전하라. 과거의 부정적인 생각들을 모두 떨쳐버려라. 목표를 향한 도전이야말로 확실한 보상을 안겨주는 흥미진진한 게임이다. 처음에는 1년으로 잡았던 목표가 불과 6개월 만에 성취될 수도 있을 것이다.

이러한 사례는 헤아릴 수 없이 많다. 분명한 목표를 당신의 잠재의식에 심어줄 때, 스스로 분명한 목표와 한 몸이 될 때 놀라운 기적이 일어날 것이다.

당신은 충분히 가치있는 사람

당신은 무한한 가치를 지닌 사람이다. 이것은 당신을 위로하려고 애써 과장해서 하는 말이 아니라 엄연한 진실이다.

다만 지금까지 그 누구도 당신에게 이런 말을 해주지 않았다는 것이 문제일 뿐이다. 지금까지 당신에게는 정반대의 생각을 심어주려는 사람들이 있었을 뿐이다.

또한 지성, 노동, 동기, 상상, 교육, 경험 등도 성공을 위해 매우 중요한 요소들이다.

그렇지만 이런 자질들을 완벽하게 갖추었음에도 성공하지 못한 사람들이 얼마나 많은지 생각해보라. 이런 충분한 자질을 갖추고서도 잠재력을 충분히 발휘하지 못한 사람들이 얼마나 많은지도 한번 생각해보라.

당신도 그런 사람들 중 하나인가? 뛰어난 재능과 줄기찬 노력을 하고 있는데도 이상하게 성공이 당신만 비켜가는 것 같은가?

그런데 당신보다 모든 면에서 훨씬 부족한 사람들이 거침없이 승진하고 부러울 정도로 성공을 거두고 있다.

그 이유는 간단하다. 그들은 확고한 목표를 세우고 그 목표에 맞추어 자아상을 만들어간 사람들이다. 당신도 그들의 마음가짐을 배워야 한다. 당신의 자아상이 목표를 결정하고, 목표가 삶의 질을 결정한다는 사실을 잊어서는 안 된다.

목표를 일종의
강박관념처럼 만들어라

성공을 가로막는 정신적 장애물을 걷어내라. 그리고 원대한 목표를 세움으로써 자신의 가치를 스스로 높여라. 잠재의식에는 쉽고 어려운 일이 없다. 잠재의식의 힘을 빌린다면 원대한 목표라도 어렵지 않게 달성할 수 있다. 성공할 수 있다는 확신으로 잠재의식을 프로그램시키고 당신은 그 결과를 즐기기만 하면 된다.

목표를 일종의 강박관념처럼 만들어라. 목표를 종이에 써서 눈에 잘 보이는 곳마다 붙여두어라. 한순간도 목표를 잊지 마라. 에너지는 생각하는 방향으로 흐른다는 것을 기억하라. 이것은 정신을 훈련시키는 핵심적인 원칙이다.

따라서 목표를 반복해서 생각하고 확고한 이상으로 승화시킬 때, 모든 에너지가 당신을 성공으로 이끄는 방향으로 흐르게 될 것이다.

또한 성공을 쟁취하도록 프로그램된 잠재의식 덕분에, 주변 상황과 사람들도 논리적으로 설명할 수 없는 이유로 당신이 목표를 성취할 수 있도록 도와줄 것이다.

목표 없이 성공은 없다

목표는 마치 볼록렌즈와도 같다. 그래서 에너지를 목표에 집중시켜준다.

그러므로 목표를 하나로 간단하게 정리해서 확고한 이상으로 승화시켜라. 이상으로 승화된 목표는 에너지와 성공 수위를 높여줄 뿐만 아니라 에너지를 분산시키는 치명적인 실수까지 예방해준다.

이렇게 목표를 확고한 이상으로 승화시킨다면 당신은 성공을 손에 쥔 것이나 마찬가지이다.

하나의 목표에 온정신을 집중할 때 당신은 특별한 노력 없이도 직업인으로서의 삶과 개인의 삶을 좀 더 명확하게 영위할 수 있다.

당신을 목표에 좀 더 가까이 다가가게 해주는 것이라면 적극 활용하도록 노력하고, 당신을 목표에서 멀어지게 만드는 것이라면 그 즉시 떨쳐내야만 한다.

그렇다면 그 두 가지를 어떻게 알아내고 구분할 수 있을까? 이때는 직관의 힘을 빌려라.

때때로 논리적으로 설명할 수 없는 미묘한 육감, 친구나 파트너의 조언, 당신이 선택한 책이나 신문기사에 씌어 있는 한 줄의 문장 등이 결정적인 역할을 해준다.

내면의 직관에게 도움을 청해라. 틀림없이 응답의 목소리가 들려올 것이다.

목표를 일종의 강박관념처럼 만들어라.
목표를 종이에 써서
눈에 잘 보이는 곳마다 붙여두어라.

한순간도 목표를 잊지 마라.
에너지는 생각하는 방향으로 흐른다는 것을 기억하라.
이것은 정신을 훈련시키는 핵심적인 원칙이다.

❖ **종이에 내년에 목표로 하는 수입액을 써보아라**

당신이 어떤 목표를 세웠다면 그것은 당신의 자아상을 그대로 반영한 것이다.

예를 들어 4만 달러를 썼다고 해보자. 그렇다면 당신은 자신의 가치를 4만 달러로 생각한다는 뜻이다.

다시 말해서 당신의 가치는 당신이 자신에 대해 생각하는 정도와 정확히 일치한다.

따라서 8만 달러, 20만 달러, 100만 달러를 썼다면 스스로를 그만큼의 가치있는 존재라고 생각한다는 증거가 된다.

당신의 잠재의식에 한계가 없듯이, 당신의 잠재력도 무궁무진하다. 그러므로 당신이 현재 생각하는 것보다 당신은 훨씬 가치있는 사람이라는 사실을 잊지 마라.

❖ 조금 전에 쓴 액수를 두 배로 올려라. 그리고 당신의 반응을 조심스레 점검해보자

처음에 5만 달러를 썼더라도 10만 달러에서 시작하지 못할 이유가 무엇인가? 이처럼 목표를 두 배로 상향조정했을 때 당신은 어떤 기분이 들었는가? 너무 무리한 목표라고 생각했는가? 10만 달러가 지나치게 많은 액수라고 생각하는가?

그렇지 않다. 매년 수천 명이 백만장자로 새로 태어나고 있다. 연간 10만 달러 이상을 벌어들이는 사람이 수백만 명에 달한다.

당신도 이런 목표를 달성할 수 있다고 확신하면서 긍정적인 자아상을 만들어라. 그리고 나서 그 목표를 향해 전력을 다해라.

❖ 첫해에는 지나치게 비현실적인 목표를 세우지 않도록 하라

목표를 세운 후에는 한 걸음씩 차근차근 성공을 향해 나아가라. 하지만 궁극적으로는 원대한 목표를 세워야 한다.

만일 목표를 높게 잡고 완벽한 성공을 거두지 못하더라도 당신은 그 결과에 만족할 수 있겠지만, 목표를 낮게 잡고도 가

까스로 성공한다면 만족감은 그다지 크지 않을 것이며 실망할
수도 있을 것이다.

따라서 당신을 극도로 긴장하게 만드는 목표를 세우고 잠재
의식에 도전하라. 그러나 잠재의식조차도 그것이 불가능하다
고 느껴질 정도로 지나치게 높은 목표는 절대 금물이다.

❖ **목표에 뛰어들 준비는 끝났다**

목표를 설정하는 과정이 합리적이고 구체적이었더라도 당
신이 그 목표에 뛰어들 준비가 끝났다는 각오를 잠재의식에
심어주는 것이 무엇보다 중요하다.

그렇다면 준비가 끝났는지 어떻게 알 수 있을까?

그것은 당신이 가장 잘 알고 있다. 자신의 느낌으로 이내 알
수 있다. 더 이상 기다릴 필요도 없이 즉시 도전하고 싶은 의
욕이 느껴진다. 그것이 목표를 향해 뛰어들 준비가 끝났다는
신호이다.

이제 도전하는 것만이 남았다. 세상은 당신이 간절히 원하
는 것, 꼭 그만큼만 당신에게 나누어준다는 사실을 명심하라.

＊ ＊ ＊

창업의 시기만이 아니라
그 이후에도 전심전력을 다해
노력하겠다는 결심이
무엇보다 중요하다.

_데이비드 팩커드, 빌 휴렛(휴렛팩커드의 공동 창업자)

→ 7장 ←

체계적인 실천 계획으로
성공을 잡아라

How to Think
Like a
Millionaire

어떻게 실천할 건지
계획을 세워라

성공의 길에서 가장 중요한 단계는 체계적인 실천 계획을 세우는 것이다.

그렇게 함으로써 의식 차원에서나 잠재의식의 차원에서 목표를 확고히 다질 수 있기 때문이다.

물론 실천에 옮기는 과정에서 전개되는 상황은 당신의 계획과 상당히 다를 수 있고 실제로도 무척이나 다르다.

그럼에도 당신이 동요하지 않고 굳건히 원래의 목표를 밀고나아간다면 성공은 보장된 것이나 다름없다.

그러나 세상에는 안타깝게도 금전적 보상이 크게 따르지 않는 일이 있기는 하다. 물론 돈이 당신에게 그리 중요하지 않은 것이라 하더라도 금전적 보상은 크면 클수록 좋은 것이 아니겠는가.

이때 당신이 경제적 안정을 원한다면 직업을 바꾸어라. 당신의 열정과 재능을 이해해주고 충분한 금전적 보상을 안겨주는 분야에서 일자리를 찾아라.

그렇지 않으면 당신이 직접 사업을 시작하라. 또 최소한의 경제적 안정이 필요하다면 여유로운 시간을 이용해서 작은 규모로 시작하는 방법도 있다.

누구나 실수를 저지른다. 경험이 풍부한 노련한 사업가도 때로는 실수를 저지른다. 아무것도 하지 않는 사람만이 실수를 저지르지 않을 뿐이다.

분명한 목표를 세우고 실천 계획을 세워라. 일시적인 곤경에 처하더라도 잠재의식이 올바르게 프로그램되어 있다면 당신은 반드시 목표를 성취할 수 있을 것이다.

특히 돈에 대해서는 분명한 목표를 세우고 언제까지 그 목표를 달성하겠다는 구체적인 최종 시한을 정해두어라.

당신이 경제적 안정을 원한다면

직업을 바꾸어라.

당신의 열정과 재능을 이해해주고

충분한 금전적 보상을 안겨주는 분야에서

일자리를 찾아라.

단계적인 실천 계획으로
목표를 확고히 하라

당신이 열망과 꿈과 소망을 하나의 목표로 발전시켰다는 증거를 잠재의식에 심어주기 위해서는 단계적인 실천 계획이 필요하다. 다시 말해서 당신이 목표를 성취함으로써 그에 따른 성공을 누리겠다는 결심을 했다는 증거가 단계적인 실천 계획이다.

그 증거로 잠재의식은 당신의 결심을 확신하면서 무한한 힘으로 당신의 성공을 도와줄 것이다. 그리고 당신은 목표로 삼은 것을 한치의 오차도 없이 성취해낸다. 계획을 실천에 옮긴다는 것은 당신의 삶을 불안하게 만들지도 모를 위험까지도 감수한다는 뜻이다.

특히 당신이 처음으로 목표를 세우고 실천 계획을 추진할 때에는 더욱 그렇다. 모든 변화, 심지어 더 나은 삶을 위한 변화에서도 불안을 완전히 떨쳐내기란 어렵다. 대부분의 사람들이 안정된 삶을 희구하기 때문에 가장 소중한 꿈마저 포기해버리는 경향을 띤다.

미래의 삶을 만들어가겠다는 꿈을 포기하지 마라. 설령 실패하더라도 조금도 후회하지 마라. 성공이라는 꿈을 향해 한 걸음 내딛은 것이라면 그러한 위험을 껴안은 것에 후회할 이유가 무엇이겠는가.

그러나 한 분야에서 두 마리 토끼를 한꺼번에 잡으려는 욕심을 부리지 말라고 충고해주고 싶다. 동시에 여러 목표를 좇다 보면 집중력이 분산되어 효율성이 떨어지게 마련이다.

다만 다른 분야에 속한 목표들, 예를 들어 직장과 가정과 건강과 인간관계 등을 동시에 추구하는 것은 목표 달성에 오히려 도움이 될 수 있다. 한 분야의 개선이 다른 분야들에 도움을 주면서 상승효과를 일으킬 수 있다.

당신이 꿈꾸는 삶의 모습

미래를 위해서 단계별 목표를 세우는 것도 당신의 삶을 개선하는 데 커다란 도움을 준다. 1년 후, 5년 후, 10년 후, 25년 후, 심지어 50년 후의 삶을 그려보아라.

가령 당신은 예순 살이 되었을 때 어떤 모습이기를 원하는가? 여든 살이 되었을 때에는 어떤 사람이 되어 있기를 원하는가? 당신은 어떤 모습의 삶을 꿈꾸고 있는가?

건강에 대해서는 어떻게 생각하는가? 자식은 얼마나 두고 싶은가? 노년이 되었을 때 어떤 성취감을 즐기며 살고 싶은가? 이렇듯 어떤 한계도 두지 말고 마음껏 상상의 날개를 펴보아라.

자, 지금이라도 책상 앞에 앉아 그 실천을 위한 행동 계획을 작성해보자.

간혹 실천 계획을 꼼꼼히 작성하고도 얼마 안 가 그것을 완전히 잊고 지내다가 훗날 목표를 성취한 뒤에 그 계획표를 찾아내고는 씁쓰레한 웃음을 짓는 사람들도 적지 않다.

이것은 그들이 의식적으로는 한 번도 그 실천 계획을 생각하지 않았지만 그 계획표를 작성하는 동안 이미 그들의 잠재의식과 교감할 수 있었기 때문에 가능했던 성공이다.

물론 이렇게 성공한 사람도 적지 않지만, 잠재의식을 확실히 프로그램시키기 위해서는 당신의 목표와 자주 접하는 것이 최선의 방법이다.

삶의
건축가가 되어라

현재의 처지, 예전의 실패를 완전히 잊어라. 과거를 지워버려라. 그리고 당신의 나이마저 잊어버려라.

60대와 70대가 되어서 최고의 삶을 누리는 사람들도 헤아릴 수 없이 많다. 나이는 문제가 되지 않는다. 우리는 어떤 나이에서나 부자가 될 수 있고 충만한 삶을 누릴 수 있다. 나이와 상황에 상관없이 우리가 가슴에 간직한 꿈은 종종 기대 이상으로 쉽게 실현되기도 한다.

이상적인 미래를 머릿속에 그릴 수 있을 때, 혹은 여생 동안 무엇을 해야겠다는 뚜렷한 그림이 그려질 때, 당신은 훨씬 분명하고 의미있는 단기적인 목표를 세울 수 있게 된다. 매일 아침 침대에서 기운차게 일어나 목표를 향해 한 걸음씩 다가갈 이유가 있는 것이다.

삶의 행로를 지도로 그려보라

옛날 미지의 땅을 찾아갔던 위대한 탐험가들처럼 찬란한 미래를 꿈꾸는 사람이 되어보라. 이처럼 당신의 삶을 그릴 때, 즉 이상적인 삶을 상상할 수 있을 때 당신의 미래도 그런 식으로 변해갈 수 있다. 긍정적인 꿈을 통해서, 창의적인 상상력을 통해서, 당신의 잠재의식을 그렇게 프로그램시키기 때문이다.

틀림없이 실현될 수 있을 것으로 확신하면서 미래의 찬란한 모습으로 당신의 잠재의식을 가득 채워라. 잠재의식을 조절하는 지휘봉을 꼭 쥐고 당신의 삶을 직접 만들어가는 건축가가 되어라.

당신이 머릿속에 그린 청사진이 바로 당신의 꿈이고, 미래에 원하는 이상적인 삶의 모습이다.

장기적인 계획이 필요한 이유

장기적인 계획은 삶에서 성취하고 싶은 이상을 결정해줄 뿐 아니라 그 이상을 성취하는 데도 도움을 준다. 우리의 삶은 수많은 가능성 중에서 무엇인가를 선택해 가는 삶이다.

그러나 세상은 불분명하고 부조리한 것들로 가득해서 올바른 선택이란 결코 쉬운 일이 아니다. 장기적인 계획이야말로 올바른 선택을 결정하는 데 도움을 준다.

당신이 삶에서 진정으로 원하는 것이 무엇인지 알지 못할 때는 무의미한 결정으로 하루하루를 허비해버릴 수도 있다.

때로는 어떤 결정도 내리지 못하고 주춤대면서 소중한 시간을 흘려버릴 수도 있다. 그러나 매일매일 이런 식으로 살아간다면 당신의 생각과 행동에 어떤 의미를 부여할 수 있겠는가.

장기적인 계획을 세운다는 것은 당신에게 자극과 동기를 부여한다는 뜻이다. 따라서 삶과 관련된 모든 분야에서 성공하겠다는 의지의 표명이기도 하다.

삶이란 끊임없이 변하는 환경에의 적응이기 때문에 언제나 가슴을 열어두고 탄력적으로 대응할 수 있어야 한다. 5년이나 10년 후에 당신이 하는 일이 반드시 지금 당신의 계획과 일치할 수는 없다. 오히려 당신이 꿈꾸던 모습보다 훨씬 나은 삶을 살고 있을지도 모른다.

우리는 어떤 식으로든 조금씩 나아진다

정신이 긍정적인 방향으로 프로그램되어 있다면, 상황은 언제나 더 나은 방향으로 전개되게 마련이다. 매일 어떤 식으로든 우리는 조금씩 나아진다. 이렇게 조금씩 나아진다는 것은 잠재된 능력이 점점 겉으로 드러난다는 뜻이기도 하다.

실제로 우리는 '너무 작게' 생각하는 경향이 있기 때문에, 계획을 추진하는 동안 처음의 계획을 수정해야 하는 경우가 비일비재하다. 계획은 점점 원대해지고 확장되어 가도록 해야 한다. 또한 자아상이 확대될 때 성공의 규모도 자연스레 확대된다.

이처럼 우리는 언제나 더 큰 성취를 향해 한 걸음씩 내딛으면서 목표의 하나인 개인적인 풍요를 얻게 된다.

이제 내년에 당신이 성취하고 싶은 주된 목표를 위한 계획을 신중하게 세워보자. 물론 언제라도 닥칠 수 있는 미지의 변수에 능동적으로 대처할 수 있는 융통성이 있어야 한다.

또한 당신의 목표에 도달하기 위해서 필요한 노력이 무엇인지 세심하게 생각해야 한다. 연간 목표를 월별로 나누고, 다시 주 단위로 나눠보자.

충실한 계획만이 쓸데없는 걱정과 지연을 막아주면서, 당신이 목표를 향해 꾸준히 나아갈 수 있도록 도와준다는 사실을 명심하라.

장기적인 계획을 세운다는 것은
당신에게 자극과 동기를 부여한다는 뜻이다.
따라서 삶과 관련된 모든 분야에서
성공하겠다는 의지의 표명이기도 하다.

성격이
운명을 결정한다

성공을 원한다면 무엇보다 목표가 있어야 한다. 목표를 세우는 것은 언제라도 좋은 일이지만, 그 목표를 성취하기 위해서는 엄청난 노력이 필요하다. 그리고 그 노력은 누구도 대신해줄 수 없는 것이다.

그리스의 철학자 헤라클레이토스는 "성격이 자신의 운명을 결정한다"고 말했다. 주변 사람들을 둘러보면 이 규칙에 예외가 없다는 사실을 확인할 수 있을 것이다.

성공하는 사람들은 한결같이 강인한 성격과 불굴의 자제력을 보여준다. 강인한 성격을 지니지 못한 사람은 성공하지 못한다.

당신 자신의 주인이 되어 스스로 운명을 만들어가고 싶다면 자제력이 필요하다. 그렇다고 자제력을 갖기 위해 즐거움과 편안함을 멀리하고 금욕적으로 살아가라는 뜻은 아니다. 일 중독자가 되라는 뜻은 더더욱 아니다.

오히려 자제력이란 육체의 건강을 지키기 위한 휴식과 운동에 충분한 시간을 할애하고, 가족과도 즐거운 시간을 나누면서 혼자서 외로움을 즐기는 시간도 충분히 가지라는 뜻이다.

과도한 업무는 결코 생산적이지 못하다. 그런데 요즘에는 과도한 업무를 불평하는 소리가 사방에서 들린다.

또한 대부분의 사람이 잠재된 능력을 10분의 1도 사용하지 못하기 때문에 과도한 업무에 시달리면서도 충분한 성과를 거두어내지 못하는 것이다.

성공하지 못하는 사람들은 열심히 일하기는 하지만 자제력이 부족하다. 그래서 자제력이 없는 사람들에게는 성공이라는 열매를 안겨줄 습관이 계발되지 못한다.

성공은 습관이다

긍정적으로 프로그램된 잠재의식과 자제력은 하루의 시간을 적절히 조절하고 일하는 리듬과 패턴을 나름대로 찾아내서 성공의 습관을 계발하도록 자연스레 유도한다.

물론 실패와 좌절도 습관이다.

실패의 습관을 성공의 습관으로 대체하면서 성공의 습관을 제2의 천성으로 바꾸어갈 수 있어야 한다. 그렇게 된다면 성공은 자석에 끌리듯 저절로 당신에게로 끌려올 것이다.

영국의 작가 윌리엄 색커리는 이러한 원칙을 아주 설득력 있게 표현해주었다.

"생각이라는 씨를 뿌리고 행동이라는 열매를 거두어라. 행동이라는 씨를 뿌리고 습관이라는 열매를 거두어라. 습관이라는 씨를 뿌리고 성격이라는 열매를 거두어라. 성격이라는 씨를 뿌리고 운명이라는 열매를 거두어라."

당신의 삶을 획기적으로 바꾸어줄 강력한 힘을 가진 말이 아닐 수 없다.

"생각이라는 씨를 뿌리고
행동이라는 열매를 거두어라.
행동이라는 씨를 뿌리고
습관이라는 열매를 거두어라.

습관이라는 씨를 뿌리고
성격이라는 열매를 거두어라.
성격이라는 씨를 뿌리고
운명이라는 열매를 거두어라."

❖ 종이에다 당신이 삶에서 진정으로 이루고 싶은 것들을 써보아 라. 최대한 자세하게 쓰도록 하라

당신은 어떤 종류의 일을 하고 싶은가? 또 얼마나 많은 돈을 벌고 싶은가?

5년 후, 10년 후, 25년 후 당신의 모습은 어떤가? 어떤 집에서 살고 싶은가? 어떤 친구들과 어울리고 싶은가?

여행을 즐기며 살고 싶은가? 휴가는 어디에서 보낼 것인가? 가족과는 어떤 삶을 즐기고 싶은가?

이런 식으로 머릿속에 떠오르는 모든 것들을 자세하게 써보도록 하자.

❖ 내년의 목표를 분명하게 정하라

내년의 목표를 가슴에 뚜렷이 새겼다면, 그 성취를 위한 단계별 계획을 세워라. 그리고 목표 달성을 위해 필요한 단계를 순서대로 글로 적어보라.

또한 각 단계마다 최종 시한을 두고, 그 시기를 절대 잊지 마라.

자, 이제 계획표대로 실천으로 옮기고 놀라운 결과를 맞이할 준비를 하면 된다.

＋　＋　＋

우리 주위에는 재능은 있지만
성공하지 못한 사람이 얼마나 많은가!
뛰어난 두뇌도 인내력을 대신할 수는 없다.
'실패한 천재'라는 말까지 있지 않은가,
오직 인내력과 결단력만이
무엇이든 해낼 수 있는 힘이다.

_ 토머스 왓슨(IBM 창업자)

결론

성공의
비밀이란 없다

How to Think
Like a
Millionaire

인생을 바꾸는
성공의 조건들

성공한 사람들은 삶의 과정에서 터득한 것을 주변 사람들과 공유하기를 즐긴다. 성공한 사람이라고 자부하고 있는 우리도 이 책을 즐거운 마음으로 썼다.

그러나 우리는 성공의 비밀이 아니라, 우리가 성공하는 데 도움을 주었던 기법과 지식과 진리를 최대한 간단명료하게 당신에게 전해주려 애썼다.

이 책은 성공의 조건들을 간단히 정리한 두껍지 않은 책이지만 결코 가볍게 생각해서는 안 된다. 성공의 원칙을 올바로 이해하려면 반드시 두툼한 책이어야 한다는 잘못된 선입견을 버려라.

지금까지 설명한 성공의 원칙들은 다음과 같이 좀 더 간단히 정리해볼 수 있다.

- 당신이 원하는 삶을 머릿속에 그려보라. 그리고 그 삶을 목표로 삼고, 반드시 성취하겠다고 결심하라.

- 당신이 좋아하는 것을 찾아내서 당신의 소명 vocation 으로 삼아라. 소명이란 '부름 calling'이라는 단어와 같은 어원을 갖는다. 당신을 부르는 그 소리를 찾아내라.

- 당신을 부르는 소리에 에너지를 결집시켜라. 그것에서 즐거움과 충만감을 얻는다면 마르지 않는 샘물처럼 에너지가 용솟음칠 것이다.

- 당신이 무엇을 원하는지 찾아내라. 뚜렷한 목표를 세우고 그 목표의 성취를 위한 시간표를 만들어라. 열망을 목표의식으로 발전시키고 그 목표의 성취를 위한 첫 걸음을 내딛어라.

- 뚜렷한 목표의식, 즉 하나의 문장으로 집약된 목표를 초

연한 마음가짐으로 밀고 나아가도록 하라. 당신만의 리듬에 맞추어 성공의 길을 펼쳐 나아가라. 목표는 뚜렷해야 하지만 그 결과에 연연하지는 마라. 미래를 향한 뚜렷한 목표가 있어야 하지만 현재에 충실한 삶을 살아라. 현재의 순간을 즐겨라.

• 과거의 실패와 장애물에 좌절하지 말고 성공을 위한 밑거름이라 생각하라. 실패는 더 큰 성공을 당신에게 안겨주기 위한 통과의례일 뿐이다.

• 당신이 선택한 분야에서 전문가가 되어라. 항상 새로운 기술과 지식을 습득하려고 노력하라. 끊임없이 배우겠다고 다짐하라.

• 다른 사람들이 어렵고 불가능하다고만 생각하는 것에서 가능성을 찾아라. 상상의 날개를 활짝 펴라. 이 세상은 무한한 가능성으로 가득 찬 공간이다.

• 당신에게 알맞은 리듬으로 일하라. 자제력은 금욕적인 삶이 아니라 당신에게 적합한 리듬으로 일하기 위한 것이다.

- 인내심을 가져라. 진정한 실패는 포기하는 것이다.

- 받은 만큼 사회에 환원하고 감사할 줄 알아라. 적어도 당신이 벌어들인 수입의 10퍼센트를 사회에 돌려주어라. 이렇게 한다면 성공의 규모가 커질수록 사회에 돌려주는 액수도 커지지 않겠는가.

- "주는 만큼 받는다"는 격언을 기억하라. 이 격언은 시대를 초월한 영원한 진리이다. 당신도 이 세상을 위해서, 이 세상 사람들을 위해서 무엇인가를 해낼 능력을 가진 사람이다.

- 당신이 원하는 삶을 살아라. 매일 어떤 식으로든 당신의 삶이 조금씩 나아지고 있다고 생각하라.

스코틀랜드의 핀드혼 공동체의 공동 창설자인 아일린 캐디는 이렇게 말했다.

"삶의 과정에서 무엇인가를 성취하기 위한 비결의 첫째는 무엇인가를 해내겠다는 열망이며, 둘째는 그 목표를 성취할 수 있다는 믿음이다. 그리고 세 번째는 그 믿음을 뚜렷한 비전으로 가슴에 새기면서 하나씩 성취해 나아가는 추진력이다."

우리가 이 책에서 지금까지 설명했던 것을 간결하게 요약해 준 아름다운 말이 아닐 수 없다.

이제 당신은 성공에 필요한 모든 수단을 갖게 되었다.

그 수단을 사용하느냐 사용하지 않느냐 하는 것은 전적으로 당신이 결정할 문제이다.

나폴레온 힐의 책에
비견되는 가치있는 책

이 책은 성공했다고 자부하는 두 사람이 개인적인 경험을 바탕으로 쓴 성공에 대한 책이다. 그들이 성공의 과정에서 터득하고 활용했던 원칙들을 일목요연하게 빠짐없이 정리해준 책인 셈이다.

그들이 맺어낸 결실은 실로 놀라운 것이지만, 먼저 이 책을 공동으로 저작한 두 인물에 대해 간단히 알아보자.

마크 피셔는 『백만장자 키워드』라는 책에서 그에게 경제적 성공에 필요한 원칙과 원리를 가르쳐준 스승을 가공의 인물로 등장시켜, 우리에게 그가 성공한 과정을 소설처럼 재미있게 들려준 사람이다.

마크 앨런은 『비전의 비즈니스, 한 기업가가 들려주는 성공 안내서』의 저자로, 비즈니스 세계에 몸담고 있는 사람에게 시의적절한 컨설팅을 제공해주는 손꼽히는 컨설턴트이다.

따라서 이 책은 기존의 기업문화에 변화를 도모하고자 할 때, 혹은 새로운 비즈니스에 활력을 불어넣고 성공의 길로 매진하고자 할 때 틀림없이 도움이 되리라 확신한다.

우리가 성공을 어떤 식으로 정의하든 간에, 다시 말해 우리가 삶에서 무엇을 꿈꾸고 성취하고자 하든지 피셔와 앨런은 우리에게 나름대로 성공의 길을 창조해내도록 용기를 북돋워주고, 더 나아가서는 그 방법까지 친절하게 제시해준다.

『백만장자처럼 생각하라』는 우리의 삶에 새로운 활력을 주어 삶 자체를 변화시킬 수 있도록 생각하는 방법을 명쾌하고 간결하면서도 쉽게 설명해준다. 또한 여기에서 제시되는 원칙들은 보편 법칙에 근거를 두고 있어 누구라도 적용해볼 수 있는 실질적인 방법이다.

따라서 이 책에서 버릴 것은 전혀 없다. 한결같이 순금처럼 소중한 교훈이고, 수정처럼 맑은 성공의 비결이다.

내가 시공을 초월한 고전으로 삼고 있는 나폴레온 힐의 『놓치고 싶지 않은 나의 꿈 나의 인생』에 비견될 정도로 이 책도 어느 곳에서나 펼쳐놓고 삶의 교훈으로 삼을 만하다.

『백만장자처럼 생각하라』는 결코 졸속으로 씌어진 책이 아니며 가볍게 읽고 덮어버릴 책도 아니다.

이 책의 내용을 천천히 음미하면서 깊이 생각해보고, 각 장 끝에 제시된 행동수칙, 즉 '백만장자처럼 생각하라'를 당신의 성격에 맞춰 적용해보기 바란다.

물론 당신이 책의 내용을 이해한 정도에 따라서 행동수칙의 적용도 달라질 것이다.

마지막으로 부탁하고 싶은 것은 부디 이 책을 열린 마음으로 읽어 달라는 것이다. 모든 가능성을 열어두고 이 책을 읽어주기 바란다.

내가 개인적인 경험으로 확신하듯이, 당신도 이 책에서 제시한 원칙을 충분히 이해해서 지혜롭게 적용한다면, 어떤 노력에나 그에 합당한 보상이 따르며 성공에는 어떤 한계도 없다는 사실을 분명히 확신할 수 있을 것이다.

베키 베니네이트(〈뉴월드 라이브러리〉 편집장)

생각하라,
그러면 생각하는 대로 된다

이 책은 정곡을 찌르는 이야기로 가득하다.

그러나 그리 거창한 이야기를 하는 것도 아니다. 곰곰이 생각해보면 대부분 어디선가 들었던 말들이다. 하지만 새삼스럽게 가슴에 와닿는다.

왜 그럴까?

그 이유는 한결같이 사실을 말하고 있기 때문이다. 성공한 사람들의 공통점을 분명하게 찾아냈고, 한 걸음 더 나아가 실패하는 사람, 아니 성공하지 못하는 사람들의 공통점을 적나라하게 들추어낸다.

'당신도 성공할 수 있다고 믿어라. 그러나 진정으로 믿어라.'

'생각하라, 그러면 그렇게 된다.'

'긍정적인 사고방식을 가져라. 돈까지도 긍정적으로 생각하라.'

'실패는 성공의 어머니이다.'

이밖에도 폐부를 찌르는 수많은 격언들이 도처에서 발견된다. 이 격언들은 우리가 살아오면서 익히 들어왔던 것들이다.

그러나 이 책의 저자들은 우리를 깜짝 놀라게 만드는 도발적인 조언을 잊지 않는다.

남들의 조롱에 신경쓰지 말고 백일몽이라도 꾸어라. 쉽게 말해서 허황된 꿈을 꾸라는 것이다.

허황된 꿈? 만약 내가 이처럼 백일몽에 사로잡혀 있다면 주변의 친구들이나 식구들이 뭐라고 할까? 괜히 시간 낭비하지 말라고 핀잔을 줄 것이다.

그러나 저자들은 그 허황된 꿈이 우리를 거부로 만들어 준다는 구체적인 사례를 제시해준다. 맥도널드의 창업자 레이 크록, 비행기를 발명한 라이트 형제 등 수많은 유명 인사들의 흥미진진한 이야기가 넘쳐난다.

물론 저자는 우리에게 백일몽을 꾸라고 권하지만 한 가지 현명한 충고를 내걸고 있다. 바로 백일몽을 백일몽에서 그치지 말고 그 실현을 위한 강인한 실천력이 관건이라는 것이다.

누구나 백일몽을 실현시키는 데 실패가 따르지 않을 수 없다.

따라서 실패를 두려워 말고 실패에서 좌절하지 말라고 조언한다. 또 하나 중요한 대목이 있다.

'성공을 위해 언제 시작할 것인가? 바로 지금 당장이다'라는 말이다.

우리 주변을 곰곰이 생각해보아도 이 말은 사실이다.

수십 년 전에 핸드폰이란 물건을 생각했다면 사람들이 뭐라고 했을까? 제발 쓸데없는 생각을 하지 말라고 나무랐을 것이다.

그러나 그때부터 핸드폰의 가능성을 생각하고 연구에 몰두한 사람들이 있었기 때문에 지금과 같은 세상이 열린 것이 아니겠는가.

앞에 있는 프롤로그에서 저자가 밝혔듯이, 이 책은 처음에 『백만장자 키워드』에 대한 독자들의 편지에 답장하는 식으로 쓴 원고였다.

따라서 관념적인 이야기를 상당히 사실적으로 설명해주고 있다.

그러나 깊은 내용을 담고 있기 때문에 저자는 이 책을 옆에 두고 몇 번이고 읽으면서 보물처럼 다루라고 말한다. 역자로서 나도 이 말에 깊이 공감한다.

이 책을 번역하는 내내 '그래, 마음먹고 그대로만 따라하면 나도 부자가 되고 성공할 수 있겠다'는 마음이 들었던 것이다.

저자들의 말이 사실이라면 이 책을 선택한 순간부터 당신은 성공한 사람의 대열에 합류할 수 있다. 이 책의 선택도 성공하겠다는 열망의 조그마한 실천이기 때문이다.

이 책을 읽는 모든 독자가 나름대로 정의한 성공의 길로 들어서길 간절히 바란다.

강 주 헌

옮긴이 **강주헌**

언어학 박사. 한국외국어대학교 불어과를 졸업하고, 같은 대학원에서 석사 및 박사
학위를 받았다. 프랑스 브장송대학교에서 수학한 후 한국외국어대학교와 건국대학
교 등에서 언어학을 강의했다. 저서로 『기획에는 국경도 없다』가 있고, 옮긴 책으로
는 『권력에 맞선 이성』 『촘스키, 세상의 권력을 말하다』 『촘스키처럼 생각하는 법』
등 노엄 촘스키의 저서들과 재레드 다이아몬드의 『총 균 쇠』 『문명의 붕괴』 등을 우
리말로 옮겼다. 이외 『습관의 힘』 『12가지 인생의 법칙』 『삶이 던지는 질문은 언제나
같다』 등 다수의 책을 옮기며 번역 활동 중이다.

백만장자처럼 생각하라

1판 1쇄 인쇄 2023년 9월 18일
1판 1쇄 발행 2023년 9월 25일

지은이 마크 피셔 · 마크 앨런
옮긴이 강주헌

발행인 양원석 **책임편집** 박현숙
디자인 김유진, 김미선 **영업마케팅** 양정길, 윤송, 김지현, 정다은, 박윤하

펴낸 곳 ㈜알에이치코리아
주소 서울시 금천구 가산디지털2로 53, 20층 (가산동, 한라시그마밸리)
편집문의 02-6443-8854 **도서문의** 02-6443-8800
홈페이지 http://rhk.co.kr
등록 2004년 1월 15일 제2-3726호

ISBN 978-89-255-7590-2 (03190)